赵剑英 主编
Zhao Jianying Editor

理解中国丛书
Understanding China Series

Relationship between the Central Government
and Local Governments of Contemporary China

当代中国的中央地方关系

周飞舟　谭明智　著
By Zhou Feizhou　Tan Mingzhi

中国社会科学出版社
CHINA SOCIAL SCIENCES PRESS

图书在版编目（CIP）数据

当代中国的中央地方关系/周飞舟，谭明智著.—北京：中国社会科学出版社，2014.11（2024.9重印）

（理解中国丛书）

ISBN 978-7-5161-5103-7

Ⅰ.①当… Ⅱ.①周…②谭… Ⅲ.①中央与地方的关系—研究—中国—现代 Ⅳ.①D63

中国版本图书馆 CIP 数据核字（2014）第 272564 号

出 版 人	赵剑英	
项目统筹	王　茵	
责任编辑	王　茵	孙　萍
责任校对	任晓晓	郭　枭
责任印制	王　超	

出　　版	中国社会科学出版社	
社　　址	北京鼓楼西大街甲 158 号	
邮　　编	100720	
网　　址	http：//www.csspw.cn	
发 行 部	010-84083685	
门 市 部	010-84029450	
经　　销	新华书店及其他书店	

印　　刷	北京君升印刷有限公司
装　　订	廊坊市广阳区广增装订厂
版　　次	2014 年 11 月第 1 版
印　　次	2024 年 9 月第 6 次印刷

开　　本	710×1000　1/16
印　　张	12.5
插　　页	2
字　　数	162 千字
定　　价	34.00 元

凡购买中国社会科学出版社图书，如有质量问题请与本社营销中心联系调换
电话：010-84083683
版权所有　侵权必究

《理解中国》丛书编委会

编委会主任： 王伟光

编委会副主任： 李 扬 李培林 蔡 昉

编委会成员（以拼音字母为序）：

　　卜宪群　蔡　昉　高培勇　郝时远　黄　平
　　金　碚　李　林　李培林　李　扬　马　援
　　王　镭　王　巍　王伟光　杨　义　赵剑英
　　周　弘　卓新平

主编： 赵剑英

编辑部主任： 王　茵

编辑部成员： 孙　萍　朱华彬　喻　苗

出版前言

自鸦片战争之始的近代中国，遭受落后挨打欺凌的命运使大多数中国人形成了这样一种文化心理：技不如人，制度不如人，文化不如人，改变"西强我弱"和重振中华雄风需要从文化批判和文化革新开始。于是，中国人"睁眼看世界"，学习日本、学习欧美以至学习苏俄。我们一直处于迫切改变落后挨打、积贫积弱，急于赶超这些西方列强的紧张与焦虑之中。可以说，在一百多年来强国梦、复兴梦的追寻中，我们注重的是了解他人、学习他人，而很少甚至没有去让人家了解自身、理解自身。这种情形事实上到了1978年中国改革开放后的现代化历史进程中亦无明显变化。20世纪八九十年代大量西方著作的译介就是很好的例证。这就是近代以来中国人对"中国与世界"关系的认识历史。

但与此并行的一面，就是近代以来中国人在强国梦、中华复兴梦的追求中，通过"物质（技术）批判""制度批判""文化批判"一直苦苦寻求着挽救亡国灭种、实现富国强民之"道"，这个"道"当然首先是一种思想，是旗帜，是灵魂。关键是什么样的思想、什么样的旗帜、什么样的灵魂可以救国、富国、强国。一百多年来，中国人民在屈辱、失败、焦虑中不断探索、反复尝试，历经"中学为体，西学为用"、君主立宪实践的失败，西方资本主义政治道路的破产，"文化大革命"的严重错误以及20世纪90年代初世界社会主义的重大挫折，终于走出了中国革命胜利、民族独立解放之路，特别是将科学社会主义理论逻辑与中国社会发展历史逻辑结合在一起，走出了一条中国社会主义现代化之路——中国特色社会主义道路。经过最近三十多年的改革开放，中国社会主义市场经济快速发展，经济、政治、文化和社会建设取得伟大成就，综合国力、文化软实力和国际影响力大幅提升，中国特色社会主义取得了巨大成功，虽然还不完善，但可以说其体制制度基本成型。百年追梦的中国，正以更加坚定的道路自信、理论自信和制度自信的姿态，崛起于世界民族之林。

  与此同时，我们应当看到，长期以来形成的认知、学习西方的文化心理习惯使我们在中国已然崛起、成为当今世界大国的现实状况下，还很少积极主动向世界各国人民展示自己——"历史的中国"和"当今现实的中国"。而西方人士和民族也深受中西文化交往中"西强中弱"的习惯性历史模式的影响，很少具备关于中国历史与当今发展的一般性认识，更谈不上对中国发展道路的了解，以及"中国理论""中国制度"对于中国的科学性、有效性及其对于人类文明的独特价值与贡献这样深层次问题的认知与理解。"自我认识展示"的缺位，也就使一些别有用心的不同政见人士抛出的"中国崩溃论""中国威胁论""中国国家资本主义"等甚嚣尘上。

  可以说，在"摸着石头过河"的发展过程中，我们把更多的精力花在学习西方和认识世界上，并习惯用西方的经验和话语认识自己，而忽略了"自我认知"和"让别人认识自己"。我们以更加宽容、友好的心态融入世界时，自己却没有被客观真实地理解。因此，将中国特色社会主义的成功之"道"总结出来，讲好中国故事，讲述中国经验，用好国际表达，告诉世界一个真实的中国，让世界民众认识到，西方现代化模式并非人类历史进化的终点，中国特色社会主义亦是人类思想的宝贵财富，无疑是有正义感和责任心的学术文化研究者的一个十分重要的担当。

为此，中国社会科学出版社组织一流专家学者编撰了《理解中国》丛书。这套丛书既有对中国道路、中国理论和中国制度总的梳理和介绍，又有从政治制度、人权、法治，经济体制、财经、金融，社会治理、社会保障、人口政策，价值观、宗教信仰、民族政策，农村问题、城镇化、工业化、生态建设，以及古代文明、哲学、文学、艺术等方面对当今中国发展和中国历史文化的客观描述与阐释，使中国具象呈现。

期待这套丛书的出版，不仅可以使国内读者更加正确地理解100多年中国现代化的发展历程，更加理性地看待当前面临的难题，增强全面深化改革的紧迫性和民族自信，凝聚改革发展的共识与力量，也可以增进国外读者对中国的了解与理解，为中国发展营造更好的国际环境。

赵剑英

2014 年 1 月 9 日

目　录

第一章　中央与地方关系引论 ……………………………（1）
　　一　中央政府与地方政府 ………………………………（2）
　　二　集权与分权 …………………………………………（7）
　　三　"收权"与"放权" ……………………………………（13）

第二章　财政包干制 ………………………………………（21）
　　一　财政包干制的内容和演变 …………………………（21）
　　二　包干制与乡镇企业 …………………………………（31）
　　三　包干制与国有企业 …………………………………（35）
　　四　包干制对中央地方关系的影响 ……………………（41）

第三章　分税制 ……………………………………………（46）
　　一　分税制的背景和基本内容 …………………………（48）
　　二　分税制与转移支付体系 ……………………………（55）

第四章　土地财政 …………………………………………（69）
　　一　土地征用和政府的土地收入 ……………………（70）
　　二　土地财政 …………………………………………（80）
　　三　分税制和土地财政的实证解释 …………………（89）

第五章　土地指标 ………………………………………（100）
　　一　土地管理制度 ……………………………………（101）
　　二　占补平衡：消极严控的补地政策 ………………（105）
　　三　土地置换与折抵指标：严控政策下的
　　　　"开口子" ……………………………………（110）
　　四　增减挂钩：指标激励的找地政策 ………………（117）
　　五　纳入计划管理与清理检查：中央"口子"的
　　　　收紧 ………………………………………………（126）

第六章　地方实践 ………………………………………（130）
　　一　指标漂移的市场化逻辑：以重庆市地票制度
　　　　为例 ………………………………………………（131）
　　二　地票制度下地方各层级政府间关系 ……………（135）
　　三　由持证准入到持证准用：成都农村产权交易
　　　　平台的案例 ………………………………………（138）
　　四　基层政府的项目逻辑：以成都市大邑县为例 …（148）
　　五　兼谈地方融资平台的急速膨胀与大规模的
　　　　资本下乡 …………………………………………（155）
　　六　讨论：土地政策视野下的中央—地方关系 ……（159）

第七章 中央地方关系与城镇化 …………………………………（162）
 一 土地、财政、金融"三位一体"的城镇化模式 ……………（162）
 二 "农民上楼"与"资本下乡" ……………………………（168）
 三 中央与地方:简要的结论 ………………………………（171）

参考文献 ……………………………………………………………（173）

索 引 ……………………………………………………………（181）

第一章

中央与地方关系引论

对地方政府行为的分析一直是理解当代中国社会与经济发展的关键要素之一。从理论方面来看，理解政府行为主要是以公共选择理论和公共财政理论为基础。[①] 简单而言，公共财政理论将政府看作提供公共品和公共服务的必要组织，政府的这些职能可以称之为"扶助之手"；公共选择理论则将政府看作有自身独特利益的组织，这其中既包含了政府本身与国家和社会的公共福利目标不一致的组织利益，也包含了政府官员的个人利益。在某些情况下，政府会利用其合法权力从社会中为自身谋取利益，这就是通常所说的"攫取之手"。这两派相对立的理论源于对政府组织的基本预设，都有其理论上的合理性。事实上，我们在讨论政府行为时经常面对的经验问题是，政府在何种情况下会"伸出""哪一只手"？也就是说，是哪些因素影响了政府的行为方式？

从学术界的理论成果来看，影响政府行为方式的主要因素可以分为三大类：一类是外部因素，即政府行为受到社会上各利益群体和社会组织的影响，这是从政府的"外部"或者国家与社会关系的视角来

[①] 参见［美］布坎南、马斯格雷夫《公共财政与公共选择：两种截然对立的国家观》，类承曜译，中国财政经济出版社2000年版。

讨论政府行为，这类因素不是我们在此讨论的主要内容；另外一类则是具体讨论政府组织内部的结构和制度，这类因素影响到政府部门内部的利益和权力分配，并形成对政府官员行为的制约；第三类因素是政府组织的宏观框架，即中央地方关系。第二类因素和第三类因素有着强烈的互相影响的效应，是我们讨论政府行为时的重点。中央地方关系包括了很多方面，例如财政、人事、军事和行政，涉及的领域多而复杂。为了使讨论的问题简明而且有实证性，我们将财政关系作为中央地方关系分析的重点。

◇ 一 中央政府与地方政府

从财政角度来看，政府的职能主要有四个方面：资源配置、收入分配、稳定经济及发展经济。在这四个方面的职能中，配置资源和维持收入的公平分配相对又更加重要一些，通过政府来分配资源以实现经济增长和收入的公平分配是不同于通过市场来达到同一目的的必要方式。这两种方式是很不相同又互为补充的，而哪些资源应该通过市场配置，哪些应该通过政府配置，在理论上则主要取决于这些资源本身的性质。

政府的财政之所以被叫作"公共财政"，是因为政府配置、提供的资源、物品和服务具有公共性质，我们一般将这些物品和服务称为公共品和公共服务，这无疑是相对于"私人物品和服务"而言的。如果我们将政府层级考虑在内，那么哪些公共服务应该由中央政府等高端政府来提供、哪些应该由基层地方政府来提供，就更是一个难以达成共识的问题。纯粹从理论出发，我们可以概括出以下两个简单的判断，

第一章　中央与地方关系引论　**3**

我们画出下面的表格：

表1—1　　　　　　　中央和地方政府的公共服务

	公共性强	公共性弱
跨地区	中央政府	私人
地区内	地方政府	私人

从上表可知，公共性较强的服务是政府财政的主要支出责任的覆盖范围，公共性较弱的服务则可以由私人资本予以提供。这里的"公共性"在很大程度上与商品和劳务的"外部性"有关。以城市建设为例，城市道路、桥梁、绿地、公共交通等的公共性最强，基本上完全属于政府的支出责任范围，文化和体育场馆、学校、政府和公共事业建筑等的公共性也较强。而城市的房地产、工厂、公司等设施则公共性较弱，是由私人资本来提供和驱动的。从区域范围来看，那些跨地区的、覆盖面广的公共服务如国防、水利、扶贫、自然灾害防治等属于高端政府的支出责任，而地区内的公共服务则属于低层级的地方政府的支出责任范围。

在财政领域，我们将政府提供公共品的职责范围称为政府的事权，而将政府的财政收入叫作政府的财权。在有多层级政府的国家中，不同级别的政府会分别对应不同范围和责任的财权和事权。政府间的关系，包括中央地方关系，其核心内容就是财权和事权在不同政府级别间的分配关系。

在中国，我们一般将安排政府间财权和事权的制度称为财政体制。广义而言，财政体制包括政府的预算收入（以税收为主）、预算支出以及预算外收支三个大的方面的制度构架；狭义的财政体制则是指预算管理体制,即一般只包括预算内收入和支出在政府间的安排和分配。例如,就中央政府而言,财政体制规定了中央政府的税收和非税收入的范围、规模以及支出方式,而且还规定了中央和地方政府之间如何就财政收入和支出进行分配和分工,也就是说,规定了财政方面中央—地方关系的基本框架。就地方政府而言,除了本级的收入和支出,还规定了与下一级政府的财政关系。因此我们可以说,中央和地方政府对于财权和事权的分配决定了中央地方关系的基本构架。

中国有五级政府,因此政府间的财政关系比较复杂。总的来说,中国政府间关系的总原则是"下管一级",也就是说,一般而言,每级政府只负责制定与其下一级政府的财政体制。因此,中央—地方政府间以及各级地方政府之间并没有一种统一的财政体制存在,而是随着政府级别的不同,财政体制也有所不同。中国有34个省级单位,333个地区、市级单位,2862个县级单位,37334个乡镇单位,因为政府级别、单位众多,所以财政体制也非常复杂。但是,虽然财政体制多种多样,但是地方政府之间的财政体制大多受到中央和省级之间的财政体制的指导和影响,因此有一定的规律可循。这是因为无论财政体制如何不同,都要符合一些政府间财政关系以效率和公平为衡量标准的原则。一般而言,这样的原则有三个。

第一个原则是"对称"原则。一级政府要有一级财政,即配备有相应的预算收入和支出责任,并且其财权和事权要相称或者对称。很明显,如果某级政府的事权远远超出其财权,则这级政府的财政就会出现赤字,并且没有能力为公共品和公共服务提供所需的资金;反过来,如果财权远远超出其事权,则政府提供公共品和公共服务的效率就会出现问题,因为财政收入基本上来源于税收,财权超出事权说明这个地区的居民上缴了过多的税收却没有充分享受到这些税收所能提供的公共服务。在存在多级别政府的国家中，政府财权和事权的对称并非表现为一种"僵硬"的对称，即一级政府的本级税收一定等于其支出，而是呈现出一种"动态"的平衡。当某些地方政府的事权大于财权时，上级政府会采用财政"补助"或者"转移支付"的形式来补充地方政府的收入，也就是说，这些政府的支出中有一部分并非本级的税收；同样，当某些地方政府的财权大于事权时，上级政府则会要求这级地方政府上缴一部分财政收入，也就是说，这级地方政府的支出中会有一部分"上解"，这部分财政收入会在更高级别的政府中完成支出。从理论上讲，这种"补助"和"上解"的纵向资金流动是以事权在各级政府中的分配为依据的。例如修一条跨县域、跨地市的公路，由省级政府来协调、统筹公路的修建是一个成本最小的选择，但是修路的资金则各县、市都会按照比例负担一部分。再例如，某县要修建一所学校，校建经费除了本县财政负担一部分之外，中央、省、市可能都有一部分专门的补助来支持学校的修建，因为这个学校所培养的学生是可能在全国范围内流动的。所以说，在这个财权与事权对称的原则中，事权分配在一定程度上"主导"了财权的分配。

第二个原则是财政支出的"均等化"原则。除了按照事权来调整财权，上级政府还可能根据各地人均财政支出水平的差异来平衡各地的财政状况，以维持各地不同政府财政支出的均等化。因为就一些基本的公共品和公共服务而言，例如教育、卫生等，各地居民都应该享受到相似水平的或者最低水平的服务，而相对贫穷的地方政府则无力满足，所以上级政府会采用补助或者转移支付的形式来提高这些地方政府的财政支出能力。这种纵向的财权再分配也是财政体制的一个重要内容。

第三个原则是财政支出的"效率"原则。除了上述两个原则之外，上级政府与下级政府制定财政体制时，还会考虑监督和激励的问题。所谓"监督"，就是通过体制来规范下级政府的收入和支出行为，力图使得下级政府不会将财政资金低效率地使用。上级政府对下级政府的监督，除了会使用审计、检查等手段之外，在财政体制上则会通过"补助"或"转移支付"来影响下级政府的行为。一般而言，财政补助分为两种，一种被称为"一般性补助"（General Purpose），即没有指定补助的用途；另一种被称为"专项补助"（Earmarked or Specific Purpose），是指资金都附带有明确的用途，下级政府不得将资金挪作他用。在补助的两种形式中，一般性补助没有监督作用，主要用于满足财政支出"均等化"的目标；但是专项补助对下级政府的影响比较大。因为规定了具体的支出用途，所以上级政府不但有理由对这部分资金的使用进行监督，而且专项资金的种类、数量和拨付方式都会直接制约下级政府的行为。所谓"激励"，则是上级政府力图通过财政体制鼓励地方政府尽量多地增加财政收入，实现财政收入的连续、快速增长。例如上级政府可以采取包干制的办法，将超过包干的收入部分全部留在下级政府以实现对财政增收的激励。

由上述三个原则可以看出，虽然我们可以用效率和公平的标准来衡量和评价中央地方关系，但是每一种财政体制框架能够实现哪些目标，或者在某段历史时期、某种社会和政治环境下更加偏重哪一个目标，都各有其特点。中央地方关系的特点，进一步来说，并非这些原则所决定，而是由中央和地方政府在围绕这些原则和目标下的"角力"所决定的。中央和地方的财政体制，表面上是财权和事权的分配，实际上是权力的分配，而且财政权力也极大地影响到政府的行政、人事等权力的强弱。在许多情况下，政府间围绕财政权力的谈判和争夺，其背后是对权力的谈判和争夺。所以，讨论中央地方关系的基本理论框架可以用"集权"和"分权"理论来概括，这也是描述中央地方关系的核心理论概念。

二 集权与分权

在中央和地方关系领域中，财政的"集权"和"分权"是指中央政府在多大程度上将事权和财权下放到地方政府，或者是说地方政府在财政收入和支出的使用上拥有多大程度的自主权。财政分权的极端例子在古代是春秋战国时代的分封制；在当代，美国的"财政联邦主义"（Fiscal Federalism）是比较典型的代表。在美国的财政联邦制下，各州政府享有比较独立的财政自主性。州政府有比较独立的权限来决定征收的税种、税率，对州内的公共支出有权进行安排和调整。中央—地方以及州际的转移支付比较多样化且比较规范和固定，中央政府通常有自己独立的税种和税收来源，不会过多干预地方政府的收入和支出。对于财政集权而言，极端的例子就是新中国成立初期1949—1952年实行的财政"统收统支"体制。在统收统支的制度下，地方政府不但没有独立的财权，其财政收入完全归中央政府进行安排，而且其事权即支出权也由中央政府严格控制。

一个国家的财政体制倾向于集权还是分权，并没有决定性的一般规律可循。从经济效率的角度来考察，分权更加有利于形成地方政府间的竞争并且有利于提高公共支出的效率。但从公平性考虑，过度分权则容易带来地区间经济增长的不平衡，进而导致地区间公共支出水平的失衡。这种失衡应该由中央政府提供的纵向转移支付或者地区间横向的转移支付来进行弥补。但是，在过度分权的情况下，中央政府的调节能力相对比较弱，缺乏调动地方政府财政资源的能力。

与西方国家相比，中国自秦代以后一直到现在，在大部分时间里，实行的都是中央集权的政治体制。这种政治体制在财政方面也导致了较高程度的财政集权。由于缺乏对于中央绝对权力的制约制度，过度的集权和分权都容易带来政治上的不稳定。地方权力过大，容易造成中央的政令不通，在极端的情况下造成"诸侯政治"甚至地方割据和国家分裂；而中央实行过度的集权又容易使得整个政治和经济体制陷于僵化，难以对地方出现的问题进行灵活和适当的反应和处理，地方的小问题往往容易蔓延和发展成为全国性的大问题，从而也威胁到政权和国家的稳定。所谓"一放就乱、一收就死"就是指的这种状况。

关于财政集权和分权的讨论是近十年来政治经济学领域的热点。世界上大部分国家，无论其财政体制是联邦制的还是单一制（Unitary System）的，都在致力于财政分权的改革，可以说分权是一个世界性的大趋势。一般认为，分权会给予地方政府更多的自主性，从而提高整个经济和政治体系的运作效率，同时分权引发的竞争机制也有可能使得资源分配更加平均。[①] 但与此同时，也有学者发现了不同（或相反）的证据。例如 Davoodi 和 Zou 认为分权和经济增长间没有显著关系，而 De Mello 则发现分权会导致地区间的财

---

① 关于分权和集权的优缺点，可以参看王绍光《分权的底限》（中国计划出版社1997年版）第三章"分权与集权的利弊"。此书之后，分权和集权讨论又有发展，观点与王不尽相同，可以参看 Qian Yingyi and Barry R. Weingast, "Federalism As a Commitment to Preserving Market Incentives," *Journal of Economic Perspectives*, Vol. 11, No. 4, 1997, pp. 83 – 92; J. Litvack, J. Ahmad, and R. Bird, *Rethinking Decentralization*. Washington: World Bank, 1998。

第一章 中央与地方关系引论

力分配更加不平衡。[①] 有些学者指出，分权也是有条件和有代价的。在不具备一些必要前提条件的情况下，财政分权不但不能提高效率，而且会带来一些意外后果。这些前提条件都与政府行为模式有关系，所以，最重要的并不在于分权还是集权，而在于政府行为。政府行为对于分权和集权来说，与其说是内生的，不如说是外生的，它是我们理解分权框架的前提而不是结果。

在这些前提条件中，最重要的是官员行为问责制（Accountability）的不完备性以及由此带来的软预算约束问题（Soft Budget Problem）。软预算约束是一个被普遍使用的概念[②]，在财政领域，软预算约束主要指下级政府的支出超过预算，而自己并不为其缺口负责，通常由上级政府的事后追加补助（Bailout）或者借债来填补。对于借债而言，下级政府相信自己没有或只有部分偿还责任，包袱最终还是由上级政府来背。软预算约束的存在，会鼓励下级政府超额支出或者支出预算不合理从而缺乏效率。[③] 过度集权导致的低效率当然与软预算约束有关（参见科尔奈的经典分析），不但如此，只要软预算约束问题严重，分权的后果也不是效率而是腐败现象的增长[④]，而且也达不

[①] Hamid Davoodi, and Heng-fu Zou, "Fiscal Decentralization and Economic Growth: A Cross-Country Study", *Journal of Urban Economics*, (43), 1998, pp. 244–423; L. R. De Mello, 2000, "Fiscal Decentralization and Intergovernmental Fiscal Relations: A Cross-Country Analysis", *World Development*, 28 (2), pp. 365–380.

[②] 此概念由科尔奈提出，用于解释国有企业与政府的关系，见［匈］科尔奈《短缺经济学》，经济科学出版社1986年版。

[③] Jonathan Rodden, Gunnar S. Eskeland and Jennie Litvack (eds.), 2003, *Fiscal Decentralization and the Challenge of Hard Budget Constraints*. Cambridge: The MIT Press.

[④] Pranab Bardhan, 2000, "Irrigation and Cooperation: An Empirical Analysis of 48 Irrigation Communities in South India", *Economic Development and Cultural Change*, 48 (4), pp. 847–865; Mary Kay Gugerty and Edward Migual, 2000, *Community Participation and Social Sanctions in Kenyan Schools*. Mimeo, Harvard University.

到有些分权研究者发现的资源均等化分配目标，反而会加剧不平等。[1]也就是说，政治领域并不像经济领域那样，靠私有化、分权化可以比较有效地遏制软预算约束。分权虽然会促进地方政府间的竞争，但是这些竞争并不一定会消除软预算约束。这些竞争可以表现为招商引资，也可以表现为大搞"形象工程"，因为效率从来都不是衡量地方政府表现的首要指标。由此可见，笼统地讨论分权和集权的利弊对于我们理解中央和地方关系、东部和中西部关系以及政府和企业关系是远远不够的，真正的分析应该进入政府行为的实证研究层面。

对于中国改革开放以来的政府行为，许多学者注意到中央—地方的财政关系对地方政府行为和中国经济增长的影响，也进行了大量的实证研究。

在这个方面，财政分权（Fiscal Decentralization）理论是研究的一个基本起点。该理论认为，在地方资源和生产要素可以自由流动和居民可以"用脚投票"的前提下，中央对地方的财政分权可能引发地方政府间展开良性的区域竞争，从而有效推动经济增长。[2]以戴慕珍为代表的一些学者较早开始关注地方政府在地方工业化中的积极作用，用"地方法团主义"（Local State Corporatism）解释乡镇企业和一些地方工业的兴起。她认为，在1980年代中期确立的财政包干体制下，地方政府一方面可以获得超包干基数的财政收入，另一方面还可以通过乡镇企业上交利润的形式获得预算外收入，所以有极大的动力去兴

---

[1] Galasso, Emanuela and Martin Ravallion, 2001, *Decentralization Targeting of an Anti-Poverty Program*. Mimeo. Development Research Group, World Bank.

[2] Charles M. Tiebout, 1956, "A Pure Theory of Local Expenditures," *Journal of Political Economy*, Vol. 64, No. 5, pp. 416 – 424; Wallace E. Oates, 1972, *Fiscal Federalism*, New York: Harcourt Brace Jovanovich.

办乡镇企业。[①]

许多学者发现,20世纪80年代中期以来的财政包干制实际上就是中央对地方的分权体制,这种体制对中国地方的经济增长有明显的推动作用,其基本机制就是基于财政分权的区域竞争。[②] 财政包干制对于地方经济的促进作用还表现在整个地方经济的快速增长方面。林毅夫和刘志强的分省定量研究表明,财政包干制对地方GDP的增长存在显著的促进作用。[③] 钱颖一等人的研究则表明,这种促进作用是通过地方政府的区域竞争模式实现的。[④] 有些学者更进一步发现,如果以财政支出法来衡量分权程度,那么无论是在财政包干制还是分税制体制下,中国改革开放以来的经济增长几乎都可以用财政分权的理

[①] Jean C. Oi, 1992, "Fical Reform and the Economic Foundations of Local State Corporatism in China", *World Politics*, Vol. 45, No. 1, pp. 99 – 126.

[②] Qian Yingyi and Xu Chenggang, 1993, "Why China's Economic Reform Differ: The M-form Hierarchy and Entry/Expansion of the Non-state Sector," *Economics of Transition*, Vol. 1, No. 2, pp. 135 – 170; Qian Yingyi, 1994, "A Theory of Shortage in Socialist Economies based on the 'Soft Budget Constraint'," *American Economic Review*, Vol. 84, No. 1, pp. 145 – 156; Qian Yingyi and Barry R. Weingast, 1996, "China's Transition to Markets: Market-Preserving Federalism, Chinese Style," *Journal of Policy Reform*, Vol. 1, No. 2, pp. 149 – 185; Qian Yingyi and Barry R. Weingast, 1997, "Federalism As a Commitment to Preserving Market Incentives," *Journal of Economic Perspectives*, Vol. 11, No. 4, pp. 83 – 92; Qian Yingyi and Gerard Roland, 1998, "Federalism and the Soft Budget Constrain," *American Economic Review*, Vol. 88, No. 5, pp. 1143 – 1162.

[③] Lin Justin Yifu and Liu Zhiqiang, 2000, "Fiscal Decentralization and Economic Growth in China," *Economic Development and Cultural Change*, Vol. 49, No. 1, pp. 1 – 21.

[④] Qian Yingyi, 2003, "How Reform Worked in China," in Dani Rodrik, ed., *In Search of Prosperity: Analytic Narratives on Economic Growth*, Princeton, NJ: Princeton University Press, pp. 297 – 333.

论加以解释。①

但是，这些研究没有回答一个重要的问题：即分税制之后，中央地方关系实质上发生了颠覆性的变化。非常明显的是，从收入角度看，1994年的分税制改革是一个集权而非分权的改革。虽然以支出法衡量，中央地方的支出格局没有巨大的改变，但是收入分配无疑导致了中央和地方政府行为方面的巨大变化，这些变化使得地方竞争和地方政府行为的模式都发生了变化，我们应该如何理解这种变化与当前中国社会与经济发展的关系呢？

在本书中，我们试图重点通过对中央—地方关系在改革开放以来发生的巨大变化的分析来讨论地方政府的行为模式，以及我们对于当前经济社会发展模式和动力机制的理解。我们认为，中央—地方关系在新中国发生了两次意义深远的变化。第一次是20世纪80年代实行的财政包干制，这比较彻底地改变了此前财政集权的基本框架，财政体制由集权为主变为分权为主。这种变化建立了一种由地方竞争为主导的经济发展模式，其基本特点是地方政府"大办企业"、"办大企业"，全力推动地方工业化的发展；第二次变化是90年代中期的分税制。分税制一方面将财权上收集中到中央；另一方面，事权仍然分散，所以地方竞争的主导模式并没有发生改变。但是由于财权的集中，使得地方政府获得收入的主要方式由"经营企业"转向"经营土地"和"经营城市"，在客观上推动了飞速发展的城市化进程，并形塑了我国城市化的基本模式和特色，即融土地、财政和金融"三位

---

① Zhang Tao and Zou Hengfu, 1998, "Fiscal Decentralization, Public Spending, and Economic Growth in China," *Journal of Public Economics*, Vol. 67, No. 2, pp. 221 – 240; 张晏、龚六堂：《分税制改革，财政分权与中国经济增长》，《经济学》（季刊）2005年第5卷第1期。

一体"的城市化。

要深入理解这种城市化模式,关键在于对土地征用、开发和出让制度的理解。所以,我们也试图探讨在土地问题上中央和地方展开的政策制定以及政策实施方面的互动。土地和财政的权力分配相互交织,构成我们理解当前社会经济发展模式的一条基本而重要的线索。在进入正式的历史和机制分析之前,我们需要先回顾一下改革开放前的历史背景,以求在经验事实上搞清楚财政分权是在一种什么样的历史局势下展开的。

◇ 三 "收权"与"放权"

1949 年以后,新中国开始着手全面建立社会主义经济和政治体制,在此基础上形成了全新的中央—地方关系框架。这个框架虽然仍然延续了传统中国五级政府的行政关系,但是随着社会主义计划经济体制的建立和发展,迅速形成了中央高度集权的局面。

中华人民共和国成立初期,为了平抑物价、解决财政困难和支持抗美援朝,中央政府实行的是高度集权的财政"统收统支"体制。这个体制规定,全国财政收入中除公粮 5%—15% 的地方附加以外,所有公粮的征收、支出、调度,全部统于中央。税收方面,除了批准征收的少量地方税外,所有关税、盐税、货物税、工商税,也都由中央政府调度和分配使用。财政支出主要用于军队、行政和投资,也都由中央政府统一全国的编制和供给标准。

这种高度集权的体制在 1953—1957 年的第一个"五年计划"时期进行了调整。从 1953 年开始,新中国开始了对农业、手工业和资本主义工商业的社会主义改造，原定于十几年的改造计划在五年时间里就迅速完成。

在财政方面，自1953年开始，财政体制由中央"统收统支"变为中央和地方财政划分收入。中央、省（市）和县（市）三级开始划分各自的财政收支范围。1954年开始实行由中央统一领导、中央与地方财政"分类分成"的办法，将财政收入划分为"固定收入"、"固定比例分成收入"、"中央调剂收入"三大类。地方预算每年由中央核定，如果其固定收入超出了地方正常支出，其剩余部分不再全部上解中央，而是按照剩余部分在地方固定收入中的比重与中央进行分成，这是"固定比例分成收入"的计算依据，分成比例一年一定。如果地方的预算支出超出其收入，则首先用地方固定收入和固定比例分成收入进行抵补，不足部分再由中央调剂收入弥补。

这种财政体制划分表面上看起来给了地方财政一定的独立性，但是由于：①地方固定收入实际上占总财政收入的比重不大；②分成比例每年一变，每年都按照上一年收入和支出的差额进行重新计算。也就是说，如果一个省某年收入增长过快，其下一年上解中央的比例就会快速增长。所以这种体制只是初步划分了中央和地方财政的范围，并没有改变中央财政高度集权的状况。如果从中央和地方负责征收收入的范围来看，"一五"期间中央和地方财政收入分别占全国财政收入的45%和55%；但是如果按照财政体制划分后的收入来看，中央和地方财政收入的比重就分别占80%和20%，支出分别占总财政支出的75%和25%。在财政上无疑是一种"强干弱枝"的局面。随着"一五"计划和社会主义改造的完成，我国中央—地方间的基本经济和财政关系框架已经建立起来。这种框架的基本特点是：中央控制了全国大部分的人力、财力和物力的管理和分配，这种控制是通过计划指标管理的形式,并通过建立在各个工业经济部门的"条条"系统来进行直接的、自上而下的控制实现的。具体而言,重要的企业几乎全部纳入"条条"系统直接管理,其他企业则通过"块块"系统间接管理,但是其税收和利润大部分归中央财政进行分配。

"一五"期间的管理体制由于将绝大部分权力集中在中央,不利于调动地方的积极性。早在1956年,中央政府就意识到了高度集权带来的问题。毛泽东在《论十大关系》的报告中提出:"要扩大一点地方的权力,给地方更多的独立性,让地方办更多的事情。"1956年到1957年,中央政府出台了一系列文件①,开始逐步有计划地下放企业、商业和财政管理权限给地方。

自1958年初开始,中央政府开始全面下放权限,这是新中国历史上的第一次大规模放权的变革。在行政管理方面,将原已虚化的大行政区重新加强,成立了东北、华北、华东、华南、华中、西北、西南7个协作区,要求其分别建立大型的骨干企业和经济中心,形成具有完整工业体系的经济区域。此后不久又要求其下属各省也探索建立独立的工业体系。在企业管理方面,开始大规模下放中央直属企业,与1957年的9300多个中央直属企业相比,1958年中央直属企业只剩下1200多个,下放了88%,其工业产值占工业总产值的比重也下降到13.8%②。同时,企业的自主性和管理权也迅速增加。国家对企业管理的指令性指标由原来的12个减少为4个,企业的财权和人事权

---

① 这些文件包括1956年5月的《关于改进国家行政体制的决议(草案)》,1957年的《关于改进工业管理体制的规定(草案)》、《关于改进财政体制和划分中央和地方对财政管理权限的规定(草案)》、《关于改进商业管理体制的规定(草案)》。

② 数据详见当代中国丛书编辑部《当代中国的经济体制改革》,中国社会科学出版社1984年版。

也迅速扩大。在财政体制方面也进行了巨大的变动，地方的财政收入从"以支定收、一年一变"的体制变为"一定五年不变"的体制，同时地方的收入基数和支出权限也迅速增加。与这些方面的权力下放相配合，中央政府又在计划指标管理方面做出了彻底的变动。

1958年2月，在中共中央转发毛泽东的《工作方法六十条（草案）》中，提出了"生产计划两本账"的要求，与这种制度相配套，建立起了"块块为主、条块结合"的计划体制，规定各省市自治区可以对本地区的工农业生产指标进行调整，可以安排本地区的建设投资和人力、财力、物力以及公共事业项目。在这种形势下，"二五"时期国家的工业生产计划中只剩下产品产量指标，"一五"计划中的其他五种指标①都被取消了。基建计划中也只管当年的投资和主要建设内容。工业产品中，国家计委统一管理的产品种类也大幅减少。中央直接征收的财政收入比重1959年下降到只占财政总收入的20%。在生产的其他方面，如基建审批权、物资分配权和招工计划权也都全面下放。地方基本可以自主基建投资，中央统配和部管物资从1957年的532种减为1958年429种，到1959年更减少为285种②。职工人数和城镇居民数量大幅度增加。

这种全面放权一方面迅速刺激了经济增长，另一方面却带来了严重的问题。问题主要表现为严重的"浮夸风"以及经济结构的严重失调，其根源却是伴随着全面放权出现的地方政府指标竞赛行为。1958—1960年，各种钢铁和粮食的"卫星"满天飞，浮夸风吹遍了

---

① 其他五种指标是总产值、商品产值、主要经济技术指标、新产品试制和生产大修。

② 中国物资经济学会编：《中国社会主义物资管理体制史略》，物资出版社1983年版，第91—92页。

大大小小的各级地方政府，指标竞赛竟然导致了中央控制的主要产品产量指标完全失真。各地区纷纷追求建立独立的经济体系，各种工业项目遍地开花，每年上马的大中型项目都超过"一五"时期的项目总和。经济结构严重畸形，在此期间，重工业增长了 2.33 倍，轻工业增长了 47%，农业下降了 22.7%。最后的结果导致了国民收入和财政收入的大幅度下降，在农业上更造成了巨大的灾难。

饥荒之后的时期是国民经济的紧缩和调整时期。调整的主要标志是中央重新收回"大跃进"时期下放给地方的国民经济计划和管理的各种权利。所以说，从 1961 年到 1966 年，是中央在行政和经济管理上重新"收权"的时期。在财政方面，上收了地方财权和财力，中央与地方实行的是"总额分成"的财政体制。这种体制的特点是不再划分中央固定收入和地方固定收入，而是"一揽子"计算中央和地方的所有预算收入，各省份将自己所有的预算收入减掉预算支出之后，按照这个余额占预算收入的比重与中央进行总额分成。与"分类分成"体制不同，这个"总额分成"的比例不是固定不变的，而是每年一变，每年都按照上一年收入和支出的差额进行重新计算。也就是说，如果一个省某年收入增长过快，其下一年上解中央的比例就会快速增长，与"一五"期间的体制有很大程度上的类似。经济管理权限的集中有利于结束在"大跃进"期间造成的国民经济的混乱局面，对于国民经济的恢复作用是明显的。

"文化大革命"开始后，中央提出以"块块"为主的管理国民经济的基本思路，精简、合并中央机构，在 1970 年将国务院直属的部委机关由 90 个精简合并为 27 个，编制只有原来的 18%。同时，将中央各部委直属企业大量下放到地方，从 1965 年到 1970 年，中央部属工业企业由 10533 个减少到 1600 多个，占工业总产值的比重由

42.2%下降到只占6%。在基建方面，也扩大地方投资的管理权，按照国家规定的建设任务，由地方负责包干建设。到1974年，按4:3:3的比例分配投资，即在国家投资总额中，40%由中央掌握，30%由地方掌握，30%由中央和地方共同掌握。在物资管理方面，中央统配和部管物资由1966年的579种减为1972年的217种，同时下放企业的物资分配和供应权限给地方。这是继"大跃进"时期之后的第二次大规模"放权"。

60年代中后期开始的放权运动迅速扩大了固定资产投资规模，又一次刺激了地方追求指标和发展速度的热情。从中央到地方，"层层加码"的现象又开始出现。各种高指标和地方竞赛又导致了国民经济比例失调等一系列问题。投资规模的迅速扩大，导致原料、设备和动力的供应跟不上，不但指标最后不能完成，还导致了工业产品质量下降、设备损坏严重、劳动生产率下降等问题。

在财政体制方面，这段时期的中央和地方财政关系复杂多变，但是总体上与经济管理权限的"收—放"逻辑相一致。1971年到1973年，在中央大规模下放经济管理权期间，中央政府与地方政府实行了一段短时间的财政收支包干体制，其内容是"定收定支、收支包干、保证上缴（或差额补贴）"。所谓"定收定支"，是明确划分了中央和地方的收支范围，即财权和事权，"收支包干"则是指收入大于支出的省份包干上缴中央；收入小于支出的省份由中央按差额数进行补助。"包干数"一旦确定则保持不变，地方收入超收或者支出结余，全部留归地方支配使用，而发生短收的中央也不再补助。

与前面的两类体制相比，这种体制是一种比较彻底的"定额包干"体制，非常有利于调动地方政府财政增收的积极性却不利于中央集中收入。在1971年实行了一年之后，1972年中央即对这种体制做出了调整，规定各省超收部分在1亿元之内的全部留在地方，而超过1亿元的部分，一半上解中央，并且规定省对省以下的市县不实行预算收支包干体制。

1974年和1975年，财政体制改为"固定分成、超收另定分成比例"。中央和地方在基数以内的分成比例固定，超收部分的分成比例则不固定。这是综合了原来的分类分成体制与总额分成体制的"混合型"分成办法。在此之后，由于放权并没有达到经济和财政收入快速增长的目的，全国的财政状况都面对很大的困难，中央与各省又恢复了1959—1970年集权时期的"总额分成"体制。

总的来说，自1949年到改革开放之前，中央和地方的财政体制经历了"三收两放"，两次放权分别发生在"大跃进"和"文化大革命"时期。与"收权"时期相比，"放权"最为明显的效应就是鼓励了地方固定资产投资的大规模增长。从更为广泛的社会背景来看，"放权"也与地方的指标竞赛联系在一起。这种财政上的"放权"与改革开放以后财政包干制导致的地方财政权力的增长既有相同之处，又有其自己的特点。

首先，这个时期的放权有一个绝对的前提，就是国家对经济资源的全面控制。在社会主义计划体制之下，市场和商品经济不存在，几乎所有的社会经济资源都归政府来管理和进行配置，因此"收放"实践可以被理解为国家通过行政手段来刺激、调整经济结构和经济发展速度的尝试。这种尝试的基本模式就是经济停滞时放权，过热和混乱时则收权。这种计划体制下的"一放就乱、一收就死"是这段时期我们理解中央地方关系的主要特点。

其次，在计划经济体制之下，财政放权不能单独展开，放权一般伴随着下放地方的投资权和企业的管理权。当然，鉴于计划经济的特点，伴随着投资权和企业管理权的下放，农业、商业乃至财权和事权也一般都出现下放的趋势。在放权过程中，关系国计民生的主要产品的产量成为推动、衡量地方竞赛的主要指标，而投资权的下放则是地方能够实现展开竞赛、追求目标的基本条件。

再次，无论是集权和放权都是在中央其他方面的高度集权下展开的，越是放权，则越要求在其他方面集权。放权和集权又是在小心翼翼的控制下进行的，这种控制全面表现在人事上，或者意识形态、政治和军事上。在这种放权的局面下，地方政府一般很难形成独立的利益主体意识，展开的竞赛完全是围绕中央的指标控制进行，这与改革开放后分权导致的地方竞争局面有本质的不同。

第 二 章

财政包干制

中国改革开放以后 30 年的发展,可以以 20 世纪 90 年代中期为界,分为前 15 年和后 15 年两个阶段。而 90 年代中期的分税制改革可以作为这两个阶段的分界点。前 15 年,随着农村改革的成功和乡镇企业的繁荣,中国兴起了改革开放后第一轮工业化的浪潮。可以说,前 15 年的工业化浪潮是以承包制为核心的制度变迁作为其基本推动力的。改革从农村实行"联产承包责任制"开始,是对农村基层生产经营制度的重大变革。承包制是在不改变所有权性质的情况下,将使用权和收益权让渡给经营者个人的一种所有权与使用权分离的产权结构。这种结构既维持了产权的公有或集体所有的性质,又能够有效地调动生产经营者的积极性,是一种典型的渐进式的改革策略。从 80 年代初到 90 年代中期,中国改革的主要手段就是承包制,所谓"一包就灵",是适用于整个 80 年代的总体改革思路。承包制从农村开始,逐步扩展到企业以至于中央地方关系领域。

◇ 一 财政包干制的内容和演变

我国自 1980 年就开始试行财政承包制,经过几次尝试,到 1988

年在全国推行开来。财政承包，其基本思路是中央对各省级财政单位的财政收入和支出进行包干，地方增收的部分可以按一定比例留下自用，对收入下降导致的收不抵支则减少或者不予补助。这与农村包产到户与企业承包制的方法是基本一致的。

由上一章的分析我们知道，改革前中央对地方放权的方法是逐项下放国民经济重要物资的配置权限以及对企业的管理权限，中央可以通过对这些复杂、细致的权限的下放和上收来控制、调整全国的经济运行。在这种体制下，以地方政府为主的"块块"系统在多数情况下处于被中央直属的"条条"系统分割的状态，既没有完整的经济管理权力，也没有形成其独立于中央的利益，这比较鲜明地表现在中央与地方的财政体制上。虽然在放权期间，财政体制也出现了相应的调整，但无论"分类分成"体制还是"固定分成"体制，中央在制定体制的时候虽然考虑了对地方的激励作用，但是在计划经济的调控系统之下，物资配置权和企业管理权在"条条块块"系统之间会经常发生调整，财政体制也经常相应地随之变动，这种激励极端缺乏稳定性。中央经常不会遵循制定政策时对地方的"承诺"，地方也很难和中央进行讨价还价，所以财政体制对地方政府增收的激励非常有限。在这个意义上，中央对地方的权力下放只能称之为"放权"而不能叫作"分权"。

财政包干制则更加接近于真正意义上的中央对地方的"分权"。包干制总的精神就是"包"，"包"的前提就是将中央和地方各自的收支权限划分清楚，中央"包"给地方的是收支总数，而不对地方的增收、减支的权利多加干预。这种"一揽子"包干实际上赋予了地方政府相对稳定的配置物资、管理企业的权限，地方政府开始逐步变成有明确的利益和主体意识的单位，而不再是被"条条"系统不断分割的、相对零散的"块块"。

包干制要真正实行，其前提条件就是国家依靠"条条块块"系统来调控经济运行的管理模式必须转变。因此，虽然财政包干制自80年代初就是中央地方关系变化的明确方向，但是由于整个国民经济的管理体制并没有发生根本改变，"条条块块"的管理方式依旧起作用，所以财政包干制的实行经历了一个曲折的、不断完善和稳定的过程。在1980—1984年，中央不断调整、改变财政体制，例如1980年文件中的"原则上五年不变"的"划分收支、分级包干"的承诺实际上在1981年即因中央收入的减少而被抛弃，许多省又变成了"总额分成、比例包干"的办法。包干制要真正发挥其"分权"的作用，还依赖于计划经济体制向市场经济体制的转型。

按照包干的不同形式，我们可以将自1980—1993年的14年分成三个不同的阶段。

（一）包干制的试行阶段（1980—1984）

实际上，早在1977年开始，中央就以江苏省为试点，与该省实行了"固定比例分成"的体制。所谓"固定比例分成"，就是根据1976年该省财政决算总支出在总收入中的比例，确定收入上缴的比例（1977年为58%，留用比例为42%），一定四年不变，四年中按照这个比例与中央分成。这实际上是一种固定了的总额分成体制，江苏省在四年中财政收入每增加一元钱，中央拿走0.58元，江苏省留用0.42元。留用的部分由江苏省自由安排。从理论上看，只要这个比例固定下来，江苏省随着财政收入的增长，留用的绝对数是可以获得增长的。但是，由于江苏省的支出责任中包含了一些中央支出项目,为了减轻该省的负担,中央将一部分支出责任收归中央,也相应降低了江苏省的留用比例。实际上,自1978年起,上缴和留用的比例分别改为61%和39%。

自1980年起,中央对15个下属省级单位实行了"划分收支、分级包干"的财政体制。与此前实行的"总额分成体制"相比,这种体制由总额分成变成了"固定比例分成",这实际上类似于1953—1958年实行的"分类分成"体制,其关键在于中央明确划分了与省级单位的财政收入和支出的范围,与各省分别确定一个包干基数,在包干基数的基础上确定上缴和留用的比例。这些比例原则上一定五年不变。但是自1981年起,因为中央的财政收入下降,就开始着手改变这种"分级包干"的办法。到1982年6月底,在上述15个省份中,有10个又回到了"总额分成"的办法;到1983年,15个省份就全部恢复了"总额分成"的办法,分级包干的尝试可以说是名存实亡。唯一留下的改变是广东和福建两省实行的"大包干"财政体制。所谓"大包干",其关键在于由比例上解和比例补助变为定额上解和定额补助,其中广东实行的是定额上解,收小于支的福建实行的是定额补助。定额上解和定额补助的含义就是超基数部分100%归地方所有,中央不再分享超收部分。广东、福建实行的定额包干体制一直没有改变,可以算作中央推行定额包干的试点省份。

(二)包干制的过渡阶段(1985—1987)

在这个阶段,中央和地方实行的包干体制可以概括为"划分税种,核定收支,分级包干"。在此期间,全国17个省级单位仍然与中央实行总额分成的体制,但是与此前一年一变的总额分成体制相比发生了一个重要的变化，就是分成比例固定下来并且一定五年不变。一定五年不变，实际上为地方财政增收提供了动力。其中，黑龙江与广东一样，实行定额上解的"大包干"办法，超收部分上解额度是0.65亿元。另外，吉林、江西、陕西、甘肃、湖北、四川也开始与福建一样，实行定额补助的办法。这样，定额包干的省份由第一阶段的2个增加到7个。其他少数民族和边疆省份则实行民族地区预算管理体制，实际上也是定额补助体制。

（三）包干制的全面推行阶段（1988—1993）

这也是比较彻底的所谓"分灶吃饭"的财政体制阶段。在这个阶段，包干形式多种多样，全国39个省级单位（省、自治区、直辖市和计划单列市）共实行了六种不同的包干形式。

（1）收入递增包干。这种包干形式的关键在于确定两个比例，一个是收入的环比递增率，另一个是收入的留成和上解比例。如果一个省的收入增长超过了递增率，那么超过的部分全部留给地方，在递增率之内的部分则按照留成和上解比例与中央分配。以北京市为例来解释一下。北京市的递增率和留成比例分别为4%和50%，也就是说，北京市的收入增长率如果超过4%，那么上年收入的104%就按照50%的比例与中央进行分配。我们假设1987年的收入为100亿元，而1988年为110亿元，则超过了递增率所期望的收入6亿元，因为按照递增率，北京市1988年的收入基数为104亿元。超过的6亿元全部归北京市，而104亿元的基数则按照50%的比例由北京市和中央进行分成。这样中央分走52亿元，北京市留用的收入就是6亿元加上52亿元，为58亿元。在收入递增包干的省份中，递增率和留成比例分别为：北京4%和50%，河北4.5%和70%，辽宁3.5%和58.25%，沈阳4%和30.29%，哈尔滨5%和45%，江苏5%和41%，浙江6.5%和61.47%，宁波5.3%和27.93%，河南5%和80%，重庆4%和33.5%。

（2）总额分成。这和以前的总额分成办法基本相同，有三个地区实行这种办法：天津46.5%，山西87.55%，安徽77.5%。

（3）总额分成加增长分成。这种办法是收入基数部分用总额分成，增长部分则除总额分成外，再加上增长分成比例。有三个地区实行这种办法，两个比例分别是：大连37.74%和27.76%，青岛16%和34%，武汉17%和25%。

（4）上解额递增包干。这是一种不考虑其他因素，只是要求地方每年递增上解额的办法。只有两个地区实行这种办法，广东省上解额为14.13亿元，递增包干比例为9%；湖南省上解额为8亿元，递增包干比例为7%。

（5）定额上解。如果收大于支，以固定而不是递增的数额上解。这样的地区也有三个：上海每年定额上解105亿元，山东3亿元，黑龙江2.9亿元。

（6）定额补助。如果支大于收，则以固定而不是递减的数额进行补助。实行这个办法的地区有16个。

虽然财政包干制的体制显得非常复杂，但是基本上可以概括为这样的四类：

（1）总额分成，但是分成比例每年都有变化；

（2）固定比例分成，这种分成比例一定几年不变；

（3）比例上解或者比例补助。在包干的基础上，超收或补助的部分按一定比例上解或者补助，这个比例可能是固定的，也可能按一定的比例递增；

（4）定额上解或定额补助。这是俗称所谓的"大包干"的办法，只要地方政府的收入超出了定额，就可以全部留归己用。

包干形式从（1）到（4），是一个从总额分成到大包干的不同连续谱，对地方的增收激励越来越强。广东最早实行定额上解的"大包干"，其经济发展速度在全国也最快，变成了省级财政收入最充裕的省份，这对其他省份有明显的示范作用。包干制将地方的经济发展速度与地方政府的财政收入挂钩，使得地方政府为了增加财政收入，就要提高地方经济发展速度。随着实行大包干的省份越来越多，地方政府之间也就经济发展展开了区域间的竞争。在包干制下，由于地方政府的收入直接与经济发展相联系，这种竞争除了政治目的之外，也具备了实际的经济利益。这就是财政分权导致的地方政府"放水养鱼"的竞争模式。

在地方政府的各层级内，也普遍实行了中央与省级政府的包干制。下面以县与乡镇的关系为例来具体解释一下包干制的内容。包干制最主要的表现形式是指标任务式的"一揽子包干法"，在包干的基础上对于超额完成任务的和不能完成任务的乡镇分别采取奖励和惩罚的措施。这种体制每隔三到五年要进行一次调整，主要的变化就是包干任务和超收、欠收的奖惩办法，另外对于支出责任也可能会根据实际情况的变化进行一些相应的调整。下面我们从包干任务的分配、超收和欠收三个方面来讨论这种体制。

包干的"任务"通常被叫作包干"基数"，超收、欠收都是相对于"基数"而言的。在一个县里，各乡镇间的包干基数各不相同。基数主要包括各种纳入预算管理的税收收入，也可以叫作"收入基数"，其大小主要根据一个乡镇的常规性税收决定。每当体制进行调整的时候，收入基数一般是按照上一个体制周期的平均收入或者按照前三年的平均收入确定，然后根据本周期内相应的税基变化有所损益。例如一个乡镇在上一周期内通过招商引资引入了一个企业，或者兴办了一个集体企业，其增加的税收会在新周期内纳入基数的计算。在新周期内，基数一旦确定，一般是不会变化的。如果一个乡的基数被确定为100万元，则在今后的三到五年内基数都按100万元计算，是个固定的包干数。但是，许多县的情况更加复杂一些。对一些比较发达的乡镇，县还会在基数之上再下达一个"任务数"，虽然基数在体制周期内不变，但是任务数却是按照一定的比例增长的。所以县对发达乡镇的包干实际上是比较复杂的"双重包干"：既包固定的"基数"，又包逐年增长的"任务数"。

如果实际完成数超过了基数，则这个乡镇就会有"超基数收入"，如果还超出了"任务数"，则还会有"超任务数收入"。如果实际完成数不能达到"任务数"但是超过了"基数"，则该乡镇就只有"超基数收入"而没有"超任务数收入"；如果连基数也完不成，那么这个乡镇就属于欠收乡镇了。为了鼓励乡镇增收，县乡财政体制中对于这些不同的情况一般都会有相应的奖励和惩罚措施。这些措施一般有以下几种情况：

"超收分成"。对于超基数收入和超任务数收入，县级财政与乡镇财政按照一定的比例进行分配，一般是县级拿小头，乡镇拿大头。如果细致来观察，超基数收入和超任务数收入的分成比例也会有所不同。

"超收全留"，这是说乡镇可以全额留下超基数收入和超任务数收入。在有些情况下，乡镇可以留下全部的超任务数收入，但是超基数收入部分则和县级财政进行分成。

对于一个连年超收的乡镇而言，总收入（也就是实际完成数）由三部分组成：基数部分＋超基数收入＋超任务数收入。根据对于超收收入的分配办法，我们大致可以将县乡间的财政包干体制初步分为"超收分成"体制和"超收全留"体制。那么，基数部分在县乡间的分配又是按照什么原则进行的呢？那些"欠收"的乡镇如何分得自己的收入呢？

这需要引入乡镇的支出责任来进行说明。对于超收乡镇而言，其超收部分中属于自己的分成是县级财政的奖励，可以自由支配其用途。基数内的部分则要按照"支出基数"与县级财政进行划分。支出基数是按照乡镇的日常支出规模确定的。一般而言，财政的支出责任可以总结为"三保"，即"保工资、保运转、保建设"。"保工资"就是要保证行政和事业两大类部门工作人员的工资发放；"保运转"则是要为各行政和事业部门配备日常办公经费，这些经费包括办公用品、会议、差旅、招待费用等，一般是按照财政供养人员数来配备；"保建设"则是指一些常规性的公共维修和建设项目。在中西部的大多数乡镇地区，"三保"的任务基本上只能做到"两保"，即保工资和保运转。事实上，大部分地区县对乡镇的基数测算的主要依据就是工资总额和日常运转费用。在财力比较困难的县乡，保运转也难以做到，日常经费也不纳入支出基数。

对于超收的乡镇，其收入的"基数部分"一般是大于支出基数的。在大部分县乡财政体制中，这部分差额被划分为县级收入，要由超收乡镇"上解"到县级财政，与超收分成部分划归到县级财政的部分一起，被称为"体制上解"。这样，对于超收乡镇而言，其实际完成的收入就按照上述的体制被划分成两个大的部分：一部分是"体制上解"，由收入基数内的大于支出基数的部分与超收分成中的县级部分组成；另一部分是自留收入，由基数内的支出基数部分与超收分成中的自留部分组成。

对于欠收的乡镇，情况要更加复杂一些。这些乡镇的支出基数一般大于其收入基数。为了保证其日常的工资和运转支出，县级财政要对这些乡镇进行补助，称为"体制补助"，其额度就是支出基数与收入基数的差额。这样的乡镇如果某年超收了，那么超基数收入按超收分成或者超收全留的办法进行分配，"体制补助"照样按照基数差额下拨。如果欠收，则"体制补助"也是全额下拨，但是对于那部分由于欠收导致的支出缺口，县级财政通常不予额外补助，以作为对于欠收乡镇的惩罚，这叫作"欠收不补"。这样，这些乡镇的实际收入就是其实际完成数加上体制补助数，因为欠收不补的缘故，总额仍然小于其支出基数。差额就需要乡镇自己想办法解决了。

从上面的描述中，我们可以鲜明地看到财政包干体制在县乡间的表现形态。激励作用是非常明显的，对于超收乡镇而言，增大超收部分所得的收入全部是可以自由支配的"活钱"，而对于欠收乡镇而言，完成收入基数就意味着不必东拼西凑地去添补支出基数。这个体制对于我们理解基层政府的行为有很大的帮助。

从理论而言，这个体制体现出的是一种与企业管理类似的激励模式。这正是戴慕珍提出的"地方国家公司主义"的微观运行机制的核心，是地方政府"公司化"的主要动力之一。在地方的实践中，乡镇政府要实现自己可支配收入的最大化，并非一味地以收入最大化为目标。因为在这种包干制下，在一个体制周期内收入的快速增长会提高下一周期内的收入基数和收入任务数，这会增加下一体制周期内完成任务的难度，并造成自身收入的减少。因此，乡镇政府的行为策略是应该与乡镇政府官员的任期制结合在一起理解的。如果一个官员为了博取很快的晋升，他可能会尽全力增加其任期内的财政收入；如果一个官员预期到自己会在相当长的一段时间内留在本乡镇，则他可能会对收入增长的速度进行适度的"控制"。而对于县级政府来说，这种周期性的对基数和任务数的调整使得在增加乡镇增收激励的同时，又能保证县级财政的收入不会大幅度减少，并且会在下一周期内实现快速的增长。另外，通过调节超收分成的比例，县级政府可以对增收较快和较慢的乡镇进行刺激，比如通过加大留成比例，就可以鼓励乡镇多超收；通过缩减这个比例，又可以在一定程度上集中乡镇的收入或者"劫富济贫"。

二 包干制与乡镇企业

许多学者注意到了中央地方的财政关系对地方政府行为和中国经济增长的影响，也进行了大量的实证研究。研究中国经济的学者发现，80年代中期以来的财政包干制实际上就是中央对地方的分权体制，这种体制对中国地方的经济增长有明显的推动作用，其基本的作用机制就是基于财政分权的区域竞争[1]。林毅夫和刘志强利用这个阶段的省级数据直接验证了财政包干制与地方经济增长之间的显著性联系[2]，其他一些学者的研究，虽然所用的分权测量指标不尽相同，但

---

[1] Qian Yingyi and Barry R. Weingast, 1996, "China's Transition to Markets: Market-Preserving Federalism, Chinese Style," *Journal of Policy Reform*, Vol. 1, No. 2, pp. 149 – 185.

[2] 林毅夫、刘志强，2000，《中国的财政分权与经济增长》，CCER 讨论文论 NO. C2000008。

是也都得出了类似的结论①。

这些数量分析直接建立了财政分权和地方经济增长的联系，但是相对缺乏机制分析。这种联系的背后隐藏机制在于，财政分权给予了地方政府开展区域竞争、推动经济增长的激励，在这种激励作用下，地方政府的确有效地促进了本地区的经济增长。这种机制的关键有二：财政分权如何刺激地方政府和地方政府如何刺激经济增长。对于第一个机制，通过前文的制度分析基本就可以证明。但是对于第二个机制，则需要进行更深入的研究：地方政府通过何种途径促进经济增长？影响经济增长的方式有许多种，上述实证研究只告诉我们财政分权能够促进经济增长，并没有告诉我们财政分权体制下的地方政府是通过何种方式实现经济增长的，而这个问题对于我们理解两者的关系至关重要。

有些学者对这个问题的回答是工业化，尤其是这个阶段乡镇企业的兴起和繁荣。对于乡镇企业何以成功，学界的解释可以算得上是众说纷纭。乡镇企业是最具中国特色的企业形式，主要有两个特点：一个是这些企业不是坐落于有规模经济效益的城市，而是散布在农村地区，其劳动力以家有土地的农民为主；另一个特点是其产权是乡镇或者村集体所有，是一种"共有"性质的产权结构。这种独特的企业在80年代兴盛一时，成为中国经济增长的核心推动力量。关于乡镇企业，主流的解释是从产权入手进行分析，许多学者指出了乡镇企业产权的一些特点。还有一些学者并不认为乡镇企业成功的秘密在于其颇

---

① 详见 Zhang Tao and Zou Hengfu, 1998, "Fiscal Decentralization, Public Spending, and Economic Growth in China," *Journal of Public Economics*, Vol. 67, No. 2, pp. 221 – 240；张晏、龚六堂，2005，《分税制改革、财政分权与中国经济增长》，《经济学》（季刊）第5卷第1期。

为独特的产权结构，而在于当时的产业结构状况。以戴慕珍为代表的学者更加侧重关注地方政府在地方工业化中的积极作用，用"地方国家公司主义"的概念来解释乡镇企业和一些地方工业的兴起。戴慕珍认为，在80年代中期确立的财政包干体制下，地方政府一方面可以获得超包干基数的财政收入，另一方面还可以通过乡镇企业上交利润的形式获得预算外收入，所以有极大的动力去兴办乡镇企业。

要搞清楚增加财政收入的动力之所以能够演变成"大办企业"的动力，其中的关键在于对税收体制的理解。自1983年实行"利改税"改革以来，财政收入的主要组成部分就变成了税收，这成为预算内财政收入的主要部分，也是包干基数承包的主要部分。基数并不对各税种的比例进行规定，所以采用的是一定几年不变、"一揽子"的总量包干。超出基数越多，地方留成就越多，有些是100%留在地方。所以要完成基数和超额完成基数，关键在于税收的增长速度。

税收体制沿用的是新中国成立以来传统的税收划分办法，主要税收来源就是企业。企业所得税按照企业的隶属关系划分，流转税（以产品税及后来的增值税为主）按照属地征收的原则划分。其中流转税是主要税类，是所得税的两到四倍。这样，工商税收与地方政府的财政收入紧紧地结合在一起。只要多办、大办"自己的企业"甚至自己属地内的企业，经济总量和财政收入就能双双迅速增长。

在诸种工商税收中，规模最大的是产品税。产品税自1984年起设立，征税范围包括几乎全部工业产品，其计税依据就是产品的销售收入额。国家根据不同产品在生产、销售链条上的位置调节相应的税率，以实现企业间的公平税负。产品税按销售收入征收，并不考虑企业的成本、盈利情况。增值税由产品税演化而来。从1986年起，国家决定把原征收产品税的部分工业产品陆续改征增值税。截至1991

年4月，在产品税的原260个工业品税目中，已有174个税目划入增值税范围，只保留卷烟、酒等86个税目继续征收产品税。增值税的计税公式是：

一般纳税人的应纳税额 = 当期销项税额 − 当期进项税额

由于增值税的税率是全国统一的（17%），所以上述公式中的应纳税额实际上就是销售收入和进厂原料成本的差价乘以17%税率的结果，即对于增值的部分而非产品销售收入的征税。产品税和增值税作为流转税有这样的特点，即不论企业是否有盈利，只要开工生产，有销售收入，就要进行征收。增值税的税基中包含了除原料之外的生产管理成本。对于企业而言，即使不赚钱，出厂价也会高于入厂价，因为出厂价中包含了工人的工资、生产设备折旧等成本。另外，企业规模越大，即产品流转（Turnover）规模越大，增值税越多，产品税更是如此。产品税和增值税都属于流转税类，不但是流转税类中的主体税种，也是所有税收的主要部分。在80年代，产品税和增值税一直占我国总税收收入的1/3以上。相比之下，以企业净利润为税基征收的企业所得税到1991年只占税收总额的19%。与国有企业不同，对于乡镇企业的所得税，国家在1994年之前有一系列的减免政策，而且乡镇企业的税前利润可以进入多项分配，这其中有各种避税、漏税行为。所以对于地方政府增加财政收入而言，产品税、增值税更加重要，不仅量大而且易于征收，只要掌握销售发票即可。

乡镇企业的税后利润有相当大的比例作为"企业上缴利润"交给乡镇政府或者是村集体，是这些部门预算外的收入。对于基层的县、乡、村三级组织来说，县政府得到的是乡镇企业的税收，村集体得到的是村办企业上缴利润，而乡镇政府既可以与县级政府分享预算内的税收，又可以得到预算外的企业上缴利润。所以在县、乡、村三级组织中，县政府最为关注企业规模，在现实中的表现是，县政府最容易帮乡镇企业搞到贷款，而相对来说不太关注乡镇企业盈利与否。

税收体制与财政包干体制结合在一起，为地方政府推动基层的工业化提供了巨大的激励。在 80 年代的税收体制下，增加财政收入最为直接和有效的手段就是创办地方企业，而企业上缴的产品税和增值税就是财政收入增长的主干力量。自 1985 年到 1991 年，全国的税收总额年均增速 7.7%，产品税和增值税的增长速度年均 8%，而全国企业所得税的年均增速只有 1.8%。前两个税种与企业的规模相关，而后一税种与企业的盈利相关。由此可见，地方工业尤其是乡镇企业的迅速发展是国家财政收入增长的一个重要动力，但是这种增长却与企业的效益关联甚小。

80 年代后期开始，除了乡镇企业蓬勃发展的珠三角、长三角以及浙江之外，山东、河北、辽宁以及中部一些省份也开始大办乡镇企业，有些地区提出的口号是"村村冒烟、户户上班"。这些地区的乡镇企业大多由地方政府利用银行、信用社、农村合作基金会融资兴办，无论企业效益如何，都能够立竿见影地给地方政府带来 GDP 和财政收入的迅速增长。

◇ 三　包干制与国有企业

改革开放第一阶段工业化的另一个主要力量是国有企业。与乡镇企业蓬勃发展的态势不同，国有企业改革走的是一条典型的"渐进式"和"摸着石头过河"的道路，经历了复杂的制度变迁的过程，先后实行过"企业基金制"、"利润留成制"、"利改税"、"承包制"、"股份制"等。总的来说，是从企业的利润分配改革扩展到经营体制的改革，再扩展到产权制度改革。产权制度的改革发生在改革开放的第二阶段，而利润分配、经营体制的改革大部分按先后顺序发生在第一阶段。

值得注意的是，第一阶段国有企业的改革与改革开放前国家通过下放或收紧企业的管理权限的做法有着很大的区别。在这个阶段，改革注重的是增强企业活力和转变企业的经营机制，而非简单地下放企业的隶属和管理权。要做到这一点，在市场经济尚未建立的情况下，主要推行的是两套体系的改革，一套是改革企业内部的分配关系，另一套则是改革税制。

改革前，企业主要是通过上缴利润而非税收的形式增加国家的财政收入。实际上，在纯粹的计划经济体制下，行业、企业间的利润率有很大的差别，这些差别是由国家制定的固定资产、生产原料和产品价格决定的，所以很难通过税收的形式来汲取企业的利润。在改革前，税收越来越不重要，在"文化大革命"期间甚至被认为不是社会主义的财政手段。自1972年底开始，国家将大部分税种进行合并，对国有企业只征收工商税，全社会的税目由108个减为44个。在企业中，税收在国家财政收入中的比重1972年只占41.4%，是历史上的最低点。

在经过了全国多个地区的试点之后，1983年起中央在全国对国有企业推行"利改税"改革，分两步走，就是所谓的"两步利改税"，并在1985年得到进一步完善。利改税的基本思路就是将国有企业向国家和上级主管部门上缴利润的形式改为上缴国有企业所得税和收入调节税的形式。大中型国有企业一律实行55%的所得税税率，对于企业间利润率的差异，再征收调节税进行调节。征税后的利润全部为企业留利，不再上缴主管部门。"利改税"实行以后，政府财政收入中"企业收入"部分迅速减少，由1980年的占财政收入40%迅速下降到1986年的1.9%，税收的比重则由1980年的52.7%上升到1986年的92.5%，这是"利改税"的成果。

从1987年开始，中央进一步推出企业承包制改革。1987年初全国人大五次会议的《政府工作报告》指出要实行多种形式的承包经营责任制，到1987年底，全国大中型企业已经有80%推行了企业承包制。

企业承包制的主要内容是"包死基数、确保上交、超收多留、欠收自补"，其基本精神与农村中的联产承包责任制、中央和地方的财政包干制相一致。但是由于企业的国有性质以及组织化的生产形式，同时由于市场经济并没有真正建立起来，影响企业经营和利润的行政和国家定价的因素还很强，所以国有企业的承包制在实践过程中并非像农村联产承包责任制那样一帆风顺，而是经历了诸多曲折，其效果也难以简单地一概而论。

承包制在增强企业活力和企业的独立经营方面起到了毋庸置疑的作用，但是企业的经济效益是否因承包制的实行而得到大幅度的提高则尚存疑问。如图2—1所示，在实行承包制之后，实际上工业企业的利润率迅速下降了。尽管造成企业利润率下降的因素有很多，但是从这个图我们确实看不出承包制对于企业效益的正面影响。

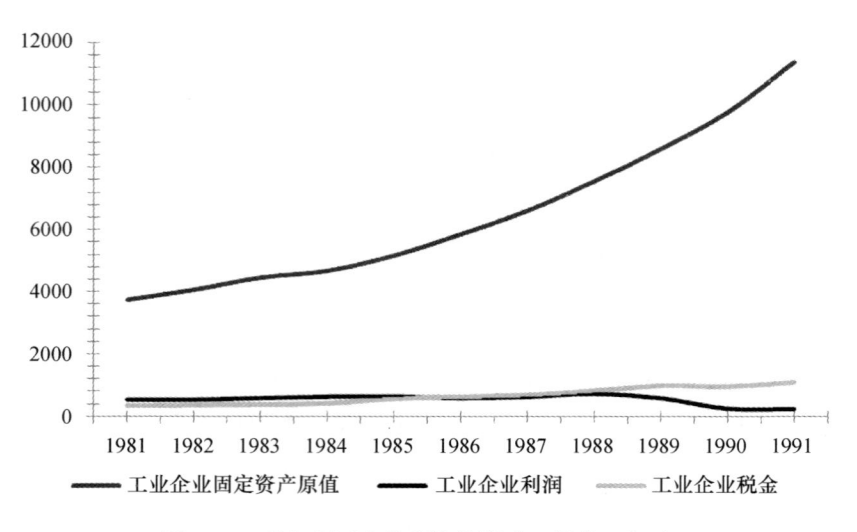

图 2—1　承包制对企业利润的影响（单位：亿元）

数据来源：参见财政部综合计划司编《中国财政统计》，科学出版社1992年版。

造成企业利润率迅速下降的一个直接原因是此图中最为引人注目的部分，即企业固定资产规模的迅速增加以及由此导致的企业生产成本的提高。自1984年到1991年，工业企业固定资产总值出现了迅速的增长，年均增长率达到20%。而企业的利润却下降到几乎只有原来的1/3。

企业上缴税金的增长与"利改税"有关，但是更重要的原因是整个税制在80年代中期有较大的变动。企业的"利改税"，即将上缴利润改为国有企业所得税和收入调节税的政策虽然对税收增长有着明显的影响，但是由于工业企业利润率的下降，这种以利润为税基的税收并没有明显的增长。我们看下表。

表 2—1　　　企业税收构成（所得税类和流转税类）(1985—1991)　　　（亿元）

年份	企业所得税	调节税	小计	产品税	增值税	营业税	小计
1985	513.8	82.04	595.84	594.6	147.7	211.07	953.37
1986	523.67	71.73	595.4	546.59	232.19	261.07	1039.85
1987	505.25	57.95	563.2	533.26	254.2	302	817.46
1988	514.54	56.39	570.93	480.93	384.37	397.92	1263.22
1989	519.21	64.38	583.59	530.28	430.83	487.3	1448.41
1990	543.1	61.02	604.12	580.93	400	515.75	1496.68
1991				629.41	406.36	564	1599.77

数据来源：参见财政部综合计划司编《中国财政统计》，科学出版社1992年版，第44页。

表中显示，所得税在1985年到1990年几乎没有增长，这说明在上表中企业税金的增长并不是所得税增长拉动的。如果看流转税类，则可以看出增长非常明显，平均年增长率11.3%，企业税金的增长有相当大的因素是来自流转税类增长的作用。

从上面的分析可以看出，企业固定资产规模的扩大与流转税的增长是同步的，而与所得税增长没有关系，和企业利润呈现出相反的关系。流转税大多以企业的产值或者增加值为税基，与企业规模有直接的关系。在"一揽子包干"的财政包干制下，主管部门或者地方政府要实现财政收入和GDP的增长，企业增收的作用并不明显，而企业规模的扩大才是其主要途径。

由此，我们看到了财政包干制下地方政府与国有企业的关系与包干制与乡镇企业发展的关系基本是类似的：企业规模的扩大是地方政府的主要关注点，而企业的效益则对于地方GDP和财政收入增长来说作用相对次要一些。而国有企业承包制的运行也促进了这种格局的形成，这主要与承包制的两个关键制度设计有关。

一个设计叫作"含税承包"。承包制在1987年推广，一直到

1993年实行的都是所谓的"含税承包",即承包基数包括了企业应该上缴的企业所得税和收入调节税,如果利润超过了承包基数,则实际上是以低于基数内55%的所得税率缴纳所得税,如果所缴纳的所得税和调节税超过了承包基数,则国家会将多出的税金返还给企业。这样一来,只要企业超额完成了承包基数,实际上就可以少交企业所得税和收入调节税。而且超额越多,就相当于减税越多。"含税承包"在实践中实际变成了"减税承包"。由于所得税和调节税归地方政府,所以地方政府要增加财政收入,根本不能依靠所得税。

另一个设计叫作"税前还贷",即企业可以在计算所得税前将所需还贷的部分扣除。这种设计在实践中有两个效应。一个效应与"含税承包"相似,即实际缴纳的所得税减少了,而且新增贷款部分越大,所得税减少的幅度就越大。另一个效应是客观上鼓励企业扩大贷款规模,因为新增贷款投资所产生的新增利润实际上无须缴纳所得税。对于地方政府而言,由于新增贷款投资可以直接带来以企业产值为税基计算的产品税、增值税和营业税等流转税,所以地方政府也对帮助企业获得新增贷款极有热情。这在实践中造成了企业规模在新增贷款下迅速扩大。全国的地方企业在1986年到1990年的五年时间里,银行贷款从2693.09亿元迅速增加到6683.77亿元,年均增长率达到37%。[①]

企业银行贷款、固定资产总值的迅速增长一方面在一定程度上造成了企业利润率的迅速下降,另一方面也带来了企业上缴税金的迅速增长,这是财政包干制与企业承包制综合作用的结果。在企业承包制的作用下,企业留利比重迅速增加,上缴的所得税和调节税却没有增

---

① 数据来源:财政部综合计划司编:《中国财政统计》,科学出版社1992年版。

长；在财政包干制的作用下，地方政府和企业双双推动企业规模不断扩大。这也对中央和地方关系造成了重要的影响。

◇ 四　包干制对中央地方关系的影响

财政包干制是和乡镇企业的兴起以及国有企业的改革紧密结合在一起的。从上面的分析可以看出，地方政府在财政包干制的激励下，逐步与地方企业结合为紧密的利益共同体。与改革前的局面相比，发生了这样几个显著的变化。

首先，以前"条块分割"或者以"条条"为主的管理体制逐步变成了以"块块"为主的管理体制。这种变化并非像大跃进和"文革"期间，通过中央政府直接向地方下放企业和重要物资的管理权实现，而是通过和地方政府以讨价还价的方式建立财政承包关系实现的。由于各地区的经济基础和情况有很大的差别，所以我们看到了各种不同的承包基数和超收留成办法。地方与中央、地方各级政府之间几乎每年都会就此与中央政府进行讨价还价。各方的利益边界在讨价还价中逐渐明确，有研究发现，下级政府在谈判中的筹码就是地方的经济发展，形成了"放水养鱼"的财政包干与地方经济发展的基本逻辑，地方政府的利益主体意识逐渐明确起来。

其次，在中央—地方—企业三者的关系中，中央政府逐步放弃了通过直属部门对企业的直接管理，变成了地方政府和企业的委托人。税制改革与企业承包制的实施，使得地方政府也变成了企业的委托人，不再直接干预企业的生产、经营和销售，在一定程度上做到了"政企分开"。但是，在财政包干制的增收压力下，地方政府和地方企业在利益上紧密联系在一起，形成了一定程度上的利益共同体。虽然没有直接干预企业，但是地方政府主动帮助企业获得银行贷款，企业的固定资产规模、生产规模得以迅速扩大，由规模扩大而带来的流转税收的增加成为地方政府完成财政包干任务的主要依靠。对于企业而言，规模的扩大实际上是使自己成为地方政府财政的王牌，成为地方政府"自己的企业"，即使亏损，地方政府也要设法保全。同时，企业承包制也给企业增大留利比例、甚至减少缴纳所得税提供了制度方面的保障。

再次，虽然中央地方关系发生了很大变化，地方政府刺激经济的方式也由直接干预变成了"放水养鱼"，但是仍然与市场经济中的经济增长有很大的差别。所谓的"放水养鱼"，是指地方政府通过各种途径向企业"注"水，以行政或者半行政手段动员地方资源来扩大企业生产规模，而不是建立真正的市场机制，使企业真正增强在市场竞争中的活力。实际上，在计划和市场的价格"双轨制"环境下，企业更易通过"寻租"来扩大规模，地方政府则更易通过"设租"来增加收入，虽然在这种局面下地方GDP和财政收入都能够达到快速增长，地方政府和企业的行为却是与建立市场经济的路径背道而驰的。在这种发展模式下，地方政府虽然退出了企业的经营管理，实际上却是更深地介入了企业的利益链条，与企业的命运紧密相连。对于国有企业而言，企业的贷款、流动资金和利润仍然基本掌握在地方政府手中，形成了"银行放款、企业用款、财政还款"的局面，而乡镇企业与地方政府的关系则更为密切，基本相当于地方政府自己开办的公司。

上述变化是由中央对地方的放权导致的，反过来又对中央地方关系产生了重要的影响。地方政府和企业的密切关系形成了地方政府的独立利益，加强了对新增加的经济资源的控制能力，这直接导致中央政府的再分配能力的下降与中央地方关系的紧张状态。

根据学界的研究，在财政包干制期间出现了所谓的"两个比重"的迅速下降，即财政收入占 GDP 的比重与中央财政收入占总财政收入比重的下降。下面我们对这两个比重做细致的考察。

财政收入占 GDP 的比重，所指的是国家从经济增长中以税收和收费的方式集中的收入，这反映了国家通过财政方式进行再分配的能力的大小。一般而言，税收是预算内财政收入的主要组成部分，而收费则是预算外财政的主要组成部分。我们将财政预算收入占 GDP 比重与财政总收入（预算收入＋预算外收入）占 GDP 比重分别算出，见下图。

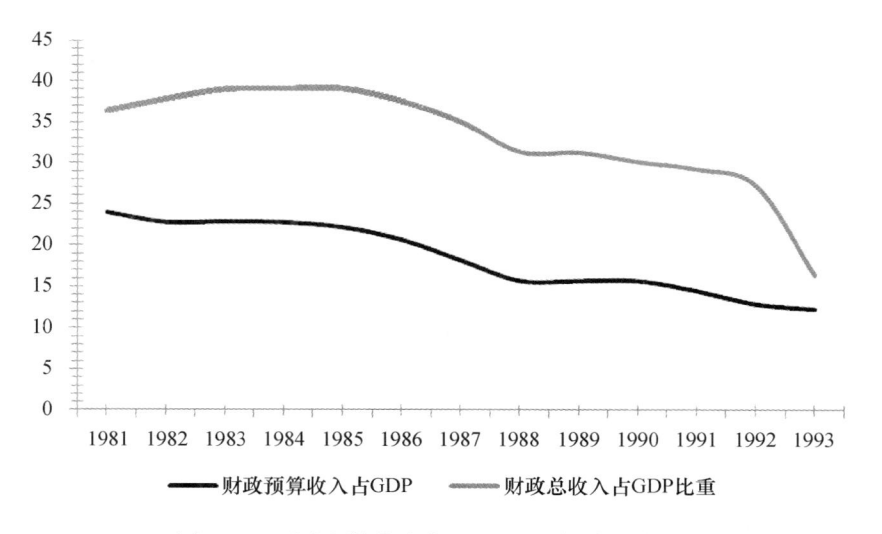

图 2—2　财政预算收入占 GDP 比重与财政总收入
（预算收入＋预算外收入）占 GDP 比重

数据来源：参见中国经济景气月报杂志社编辑出版《数字中国三十年——改革开放 30 年统计资料汇编》；财政部预算司编：《全国地方财政统计资料 1999》，中国财政经济出版社。

图中两条曲线的变化幅度基本一致。财政预算收入占 GDP 的比重由 1981 年的 24% 下降到 1993 年的 12.3%，而财政总收入占 GDP 的比重由 1981 年的 36% 下降到 1992 年的 27.2%，1993 年由于预算外收入出现了急剧下降，所以这个比重变成了 16.4%。

我们再来看第二个比重，即中央财政收入在总财政收入中的比重。为了更好地理解这个比重的变化与财政包干制的关系，我们将中央财政的收入和支出在总收入和总支出的比重都列出来，同时将考察的时段扩展到改革以前。结果见下图。

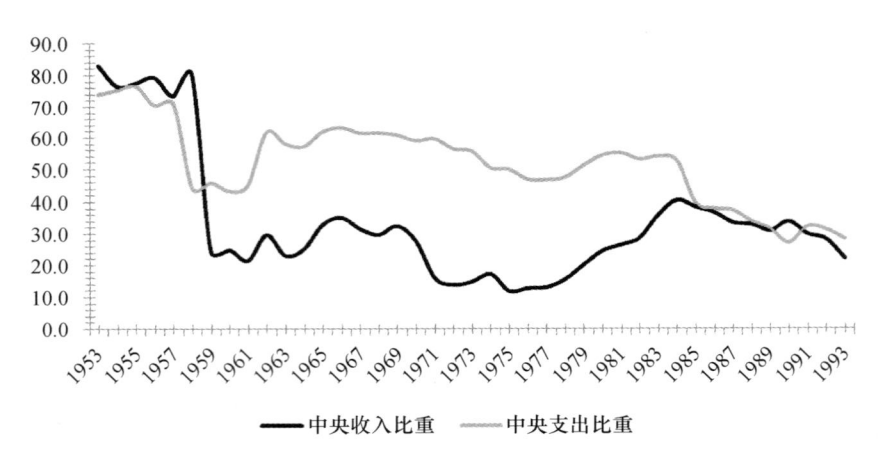

图 2—3 中央财政收入和支出在总收入和支出中的比重（1953—1993）

数据来源：参见楼继伟主编《新中国 50 年财政统计》，经济科学出版社 2000 年版。

从图中可以看出，中央财政收入的比重在 1984 年以后明显下降，由 40.5% 下降到 1993 年的 22%。但是从长时段来看，这个时期中央财政收入的比重显然不是最低的，总体上高于自 1959 年到 1980 年 20 年间的数字。如果我们只依靠中央财政收入的比重来理解中央政府的再分配能力的话，那么改革以后的再分配能力虽然有所下降，但是显然高于改革开放前的20年。这显然与我们的经验是不相符的。除了收入比重，我们还要观察中央财政支出在总支出中的比重。

在改革以前，中央政府的财政收入比重虽然很低，但是支出比重很高，这两个比重之间有着巨大的差额。这说明大量的地方政府组织的财政收入上解到中央来由中央政府负责支出。自80年代中期以后，这种局面出现了极大的转变，中央政府的收入和支出基本维持平衡，而不必大量集中地方政府的收入来维持高支出水平。从另一方面讲，地方政府的收入再不需要大量上解中央，而是留在本地支出。简而言之，财政包干制将中央地方关系由以前的"集中地方财力由中央支出"的局面改变到"就地收入、就地支出"的局面，由以前的收入支出不平衡改变到中央和地方各自维持收支均衡的局面。

在这种"就地收入、就地支出"的局面下，中央收入和支出的比重呈现下降的趋势，而地方的收入和支出比重在逐渐上升。这主要是因为在财政包干制下，全国财政增量的部分大多留在了地方。根据1984年到1993年的数据，我们可以计算出下面的关系：

$$中央财政收入 = 509（亿元）+ 0.12 \times 财政总收入$$

也就是说，全国财政收入每增加1元钱，中央财政收入增加0.12元，地方财政收入增加0.88元。如果按这种趋势发展下去，中央财政收入的比重会持续下降，而在包干制的协议下，中央财政也无法集中地方的收入，所以支出比重也不会增加。这构成了中央试图结束财政包干制、推出分税制改革的基本背景。

第 三 章

分 税 制

中央政府于 1994 年开始推行的分税制改革可以看作是对财政包干制的全面否定。分税制作为一次全新的财政改革,既体现了中央在财政领域内对中央与地方、政府与企业关系重新调整的努力,又是对从根本上改变政府干预经济的方式、建立全面的社会主义市场经济的尝试。目前学术界一般从中央地方关系的角度来理解分税制的出台。例如王绍光先生认为,财政包干制使地方积累了大量的财力,而中央的财政收入比重过小,"诸侯经济"的态势已经初步形成,这不但降低了中央政府调控经济运行的能力,而且中央政府的权威也受到影响。在这种背景下,分税制是中央集权的必然要求。[①]

在实行了近十年的财政包干制之后,中央财政的确发生了很大的困难。中央无法像改革前那样有效集中地方的财政收入,中央和地方都基本维持一个"自收自支"的局面。但是由于新增的财政收入大部分来自地方财政,所以中央财政的份额必然下降得很快。中央财政的困难促使中央下决心改变财税体制,这只是分税制改革的原因之一。分税制的出台还与当时的经济形势以及政府和企业间的关系有关。

经过 1989 年后因国际贸易封锁带来的经济低迷之后,1992 年邓

---

① 王绍光:《分权的底限》,中国计划出版社 1997 年版。

小平的南方谈话掀起了新一轮的经济建设热潮。邓的南方谈话旨在加快从计划经济向市场经济的过渡。在 10 月召开的党的十四大上，提出了建设"社会主义市场经济"的目标。在地方政府的主导下，投资规模迅速扩大，各地大办乡镇企业、加快实行国有企业的承包制、股份制改革。上海交易所的行市 1992 年上半年增加了 1200%；深圳交易所 1992 年 8 月出现骚乱，致使城市瘫痪两天。中国经济在短时间内就恢复了因国际贸易中断而一度减缓的经济增长速度。1989—1991 年的经济增长率分别只有 4.1%、3.8% 和 9.2%，而 1992 和 1993 年的经济增长率迅速上升到 14.2% 和 14%[1]，这不但为整个 90 年代各年之最，也是整个改革开放 30 年经济增长速度最快的两年。

　　这个时期的经济增长虽然迅速，但是仍然延续了 80 年代以政府主导扩大地方投资规模带动的增长模式，并非促进了市场经济的建立，而是在财政包干制下进一步促进了地方政府与企业的结合。各地政府大办企业，许多地区的政府工作目标之首即是 GDP 的增长速度，以此作为对邓小平南方谈话精神的响应。甚至在农村地区，许多地方政府也要求做到所谓"村村冒烟、户户上班"，大办特办地方企业。全国的固定资产投资，1992 年比 1991 年增长了 44%，1993 年又比 1992 年增长了 62%，其中投资来源主要为国内贷款，两个年度国内贷款用于固定资产投资的增长率分别为 68%、39%[2]，增幅之大，30 年间甚为罕见，这明显成为拉动经济增长的主要动力之一。

　　这种政府主导的经济增长模式在很大程度上还是计划经济时期政府管理模式的翻版。由上两章的分析我们知道，经济发展的模式只是

---

[1] 数据来自中国经济景气月报杂志社编（2008）《数字中国三十年：改革开放 30 年统计资料汇编》，《中国经济景气月报增刊》。

[2] 同上。

由"条条块块"主导变为主要由地方政府的"块块"系统主导。如果说改革前是"条条块块模式"的话，财政包干制下的经济发展模式可以称为典型的"块块模式"。中央依靠加快向地方政府的放权、鼓励地方政府的竞争来推动经济增长，企业不但没有和政府分开，而是更为密切地和地方政府的利益结合在一起。与以前几个经济快速增长的时期一样，这很快就带来了地方投资过热导致的各种问题，包括重复建设、地区保护主义等。这种地方政府主导的模式在带来经济高速增长的同时，也形成了对于真正以市场而非行政配置资源的市场经济发展的阻碍。

所以说，构成分税制基本背景的主线有两条，一条是中央与地方关系中中央财政的被动局面，另一条则是政府与企业的关系。财政包干制不但无法实现"政企分开"的目标，反而在一定程度上加剧了地方政府与企业的结合，这又反过来造成了中央财政能力的下降。这两条主线决定了分税制改革的集权性质以及对政府和企业关系的深远影响。

◇ 一 分税制的背景和基本内容

广义的分税制改革主要包括两个方面的内容，一个是税制改革，即税种的重新划分和调整；另一个是财政体制的改革，即中央和地方重新划分和调整各自的财权和事权。我们先来看税制改革。

税制改革主要有这样几个方面：

首先且最重要的是流转税制改革：实行统一的在生产和流通环节征收增值税并实行价外计税的办法，规定了统一的增值税率（17%），这样，以前复杂烦琐的产品税被简明的增值税所代替；在征收增值税的基础上，对少数消费品再征收一道消费税；调整了营业税的征收范围，主要以三档不同税率对9个行业征收营业税。

其次是所得税类改革。对于企业所得税，改变原来对国有企业、集体企业、私营企业的不同政策，实行统一税种、统一税率（33%）、统一计税标准、取消税前还贷的政策；统一征收个人所得税。

再次，对其他一些税种如资源税等进行了调整，并开征土地增值税。

在中央和地方的财政体制方面，进行了以下的改革：

第一，根据中央和地方支出责任的划分，按税种来划分中央和地方的收入。税种划分为中央税、地方税和共享税三大类。中央税主要包括消费税、关税、海关代征的消费税和增值税，中央企业所得税、铁道、银行总行、保险总公司等部门的主要税收（营业税、所得税、利润和城市建设维护税）、中央企业的上缴利润。地方税包括营业税、地方企业所得税和上缴利润、个人所得税以及其他各种规模较小的税种。总的原则是除增值税、资源税、证券交易税外，中央企业的税收归中央，地方企业的税收归地方。中央和地方共享税种是增值税（中央75%、地方25%）、资源税（海洋石油资源税归中央、其他资源税归地方）、证券交易税（中央地方各50%）。

第二，实行税收返还和转移支付制度。为了保证税收大省发展企业的积极性和照顾既得利益的分配格局，分税制规定了税收返还办法。税收返还以1993年为基数，将原属地方支柱财源的"两税"（增值税和消费税）按实施分税制后地方净上划中央的数额（即增值税75%＋消费税－中央下划收入），全额返还地方，保证地方既得利益，并以此作为税收返还基数。为调动地方协助组织中央收入的积极性，按各地区当年上划中央两税（增值税和消费税）的平均增长率的1∶0.3的系数，给予增量返还。在分税制运行两年后，中央财政又进一步推行"过渡期转移支付办法"。即中央财政从收入增量中拿出部分资金，选取对地方财政收支影响较为直接的客观性与政策性因素，并考虑各地的收入努力程度，确定转移支付补助额，重点用于解决地方财政运行中的主要矛盾与突出问题，并适度向民族地区倾斜。税收返还和转移支付制度旨在调节地区间的财力分配，一方面既要保证发达地区组织税收的积极性，另一方面则要将部分收入转移到不发达地区去，以实现财政制度的地区均等化目标。

第三，分设中央、地方两套税务机构，实行分别征税。同时，初步开始改变过去按企业隶属关系上缴税收的办法。按分税制的设计，所有企业的主体税种（主要是增值税、消费税和企业所得税）都要纳入分税制的划分办法进行分配。在分税制改革以前，地方政府的税务财政不分家，而分税制改革将税务系统独立出来并且"垂直化"，各地的税务系统直接对上级税务部门负责。由于税务部门直接隶属于国家税务总局，所以这不但能够保证中央财政收入随着地方财政收入的增长而增长，而且能够保证财政收入在GDP中的比重随着地方经济的发展而不断提高。

由上述内容来看，分税制无疑是一次中央推动的财政集权改革。这次改革，一方面将原来大量的地方财政收入集中于中央，另一方面也将税收权力和安排支出责任的权力集中于中央。

首先，通过"财税分家"的改革，将征税的权力直接集中于中央。改革以前，税务是作为财政系统下的一个部门而发挥作用的，而财政部门是地方政府的"钱袋子"，是控制和管理最为严密的部门。为了地方利益，地方政府可以通过操纵税收部门而方便地"藏富于企业"。除了在企业承包制之下税前还贷之外，地方政府还大量使用减免税和税收优惠政策。这导致减免税的范围不断扩大，许多地区擅自越权减免税收。根据国家审计署对十个省市工商税收减免的调查，1990年共减免流转税97亿元，占当年流转税入库数的20.7%；1991年19个省级财政越权违规减免税收额占违纪金额的22.7%。除了减免税之外，地方企业偷税漏税的现象也非常严重。根据某省的调查，国营企业的偷税、漏税面达70%，集体企业为72%，个体经济和私营企业达85.5%[1]。

分税制明确划分了中央税、地方税和共享税，对于中央税、共享税和一些重要的地方税种，税收立法权收归于中央，重要的税目税率的调整权、开征停征权以及减免税的审批权也被收归中央。权力集中是和"财税分家"结合在一起的。税务部门直接隶属于国家税务总局，由过去的"块块"变为现在的"条条"，税务部门的人员、工资、设备、业务都由上级税务部门管理，与地方财政"脱钩"。这种行政体制上的调整有力保证了税务部门对地方财政系统的相对独立性，保证了中央的税收政策能够在基层得到有力的贯彻和执行。

其次，分税制最为明显的效应还是收入向中央的集中。我们来看下图：

从图中可以看出，对中央财政收入的比重而言，1994年前后有天壤之别。这主要是通过两税（增值税和消费税）被划为共享税和中央税造成的。1994年这两项税收总计3089.7亿元，占当年财政收入的53.6%，其中增值税尤为重要，计2308.3亿元，这一个税种就几乎构成了国家税收的半壁江山。这是中央财政收入比重迅速上升的主

---

[1] 项怀诚主编：《中国财政体制改革》，中国财政经济出版社1994年版。

要原因。

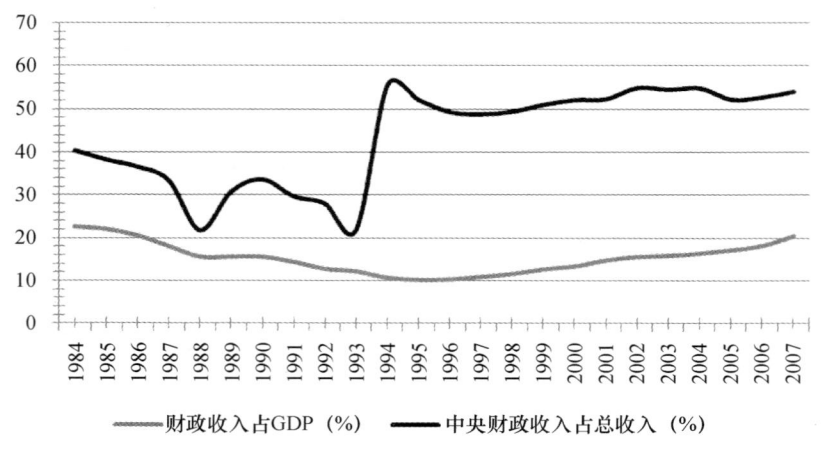

图3—1　"两个比重"的变化情况

中央一改包干制下的包干"承诺",将地方的财政收入集中到中央,这当然遇到了来自地方的阻力。但是在中央的压力下,在几个月的时间里就得到了全国各地方政府的认可。这一方面说明中央仍保持着对地方的绝对权威,也与中央在谈判中与地方的讨价还价和妥协的方式有关。中央对地方的让步体现在分税制设计的两个方面,这都与税收返还的设计有关。对于两税(增值税和消费税)的税收返还,一个设计是以1993年为返还基数,另一个是自1994年之后,返还数以两税增量的1:0.3(中央:地方)的比例增加。

按照分税制的制度设计,1994年中央会将从地方集中的两税收入按照1993年的两税总量(返还基数)全额返还给地方。因此1993年的两税收入总量就成为直接影响中央和地方分配的关键。因为中央和地方就分税制展开的谈判是在1993年下半年进行的,这时1993年的税收决算数还没有出来,所以只要以1993年为返还基数,地方政府还可以通过努力来最终扩大1993年的两税总量。财政部考虑到这会促使地方以各种手段迅速增加1993年的税收总量，从而扩大地方的返还基数，减少中央在分税制后的净集中收入，所以建议以1992年的收入作为返还基数，而地方政府则强烈要求以1993年为返还基数，作为支持分税制的条件。

这个设计符合地方政府的利益，而1993年的全国财政收入也的确出现了异常反应。1993年的全国财政收入比上年增长了24.8%，此前五年的平均增速只有9.6%。这个迅速增加完全是由于地方财政增长所致，因为1993年中央财政收入比上年下降了12亿元，地方财政收入绝对数量则增加了887.5亿元，增幅达35%[①]。

为了增加收入以提高税收返还的基数，各地政府用了许多手段。比如命令已减免税的企业补缴税款，把基数抬高之后再私下返还给企业。又比如，将已经倒闭了的企业或者欠税多年的企业税款通过转账或者银行借款缴税；还有寅吃卯粮、收过头税等种种办法。这个现象可以看出财政包干制下地方政府形成的地方保护主义和将财富藏于地方的结果，同时也可以看出1993年作为返还基数实际上是中央为了照顾地方利益而为地方"开的口子"和做出的妥协。

分税制的另一个设计是按照两税增长率的1:0.3来计算中央对地方税收返还，这个设计也可以看作是中央集中收入后对地方既得利益的照顾，但是情况远比以1993年税收收入作为返还基数来得复杂。

按照分税制最初的设计，税收返还的计算公式是：

---

① 这是根据国家统计局的数字，按照《中国财税改革三十年亲历与回顾》一书中的数字，则是全国地方财政收入在1993年增长39.9%，绝对量增加了900多亿元（该书第369—370页）。两组数字差别不大，都说明了地方政府对分税制方案的"应激"反应。

$$对某地区税收返还 = 上年度两税返还 \times (1 + 当年税收增量/上年度两税完成数) \times 0.3$$

其中"当年税收增量/上年度两税完成数"是两税的增长率，但是这个增长率是按照全国两税的平均增长率来计算的，即分子和分母都是全国的总数，而不是该地区的实际数额。这显然对两税增长快的发达地区不利。按照这个标准，发展速度较慢的省份得益。1994年7月，财政部召开了11个省的财政局长座谈会，对这个方案进行了修改，将公式中两税增长率的计算由全国平均增长率改为各省自己的增长率。这又显示出中央对发达省份既得利益的照顾。

但是，令人惊讶的是，1∶0.3的设计从长远来看对地方是极为不利的，还是按照我们上面的例子计算。因为消费税100％归中央，我们只计算增值税。假设某省1993年增值税100亿元，按照每年增长20％的速度增加，那么按照公式（2），该省所得税收返还的增长率就是6％，从总量上看，时间越长，该省所得的返还数占该省税收数的比重越小。1994年这个比重为88％，五年之后到1998年将会迅速减小到54％，十年之后则会下降到29％。从实际情况来看，税收返还的增量的比重迅速下降，地方分享增值税的比重（增量的25％部分＋增量返还部分）也在迅速下降。之所以造成这种局面，主要有两个原因：一个是1∶0.3的比例使得中央占了大头，另一个是随着税收总量的不断增加，1993年的基数部分在税收返还中的部分已经越来越微不足道。假如按照20％的增长率计算，十年之后基数部分只在税收总量约占16％。1997年财政部对此出台的办法是中央财政每年拿出3个多亿元补助返还下降快的地区，并补助到全国平均水平。从上述分析来看，这种设计在改革之初看上去对地方有利而得到了许多地区的支持，但是从长远看却是对中央集中收入最为有利的。但是无论如何，中央政府通过推行分税制改革顺利达到了集中地方财政收入到中央的目的。

通过以上的分析，我们可以看出分税制改革极为明确的集权性质。这种集权有别于改革前"一放就乱、一收就死"的模式——通过上收企业的管理权限或者通过直接上收地方的财政收入来达到集中收入的目的——而是通过对税种收入在中央和地方间的重新划分来实现，集权的方式发生了重要的变化。另外一个重要的特点就是，分税制导致的集权从严格意义上来说并非是完全的财政集权，只是"财权"或者是收入的集权，财政支出责任（事权）在中央和地方之间并未出现重大的调整。分税制前后中央和地方的财政支出比重并没有出现显著的变化，一直维持了中央支出占30%、地方支出占70%左右的格局。

◇ 二 分税制与转移支付体系

从前面的分析可以看出，分税制实施的目的在于改变中央和地方、政府和企业的关系，使得中央财政在中央地方关系中保持强劲的支配能力，使得国家财政收入能够随着工业化和企业繁荣而不断增长。另外，中央政府在掌握了财力之后，便有能力对各地的人均财力进行重新调整和再分配，使地区间的财力趋向于均衡，逐步缩小区域间的差异，实现人均财政支出均等化的目标。这个目标本身也可以看作是现代国家中央政府的一项至关重要的支出责任。要实现上述目标，中央政府在集中了全国的财力之后，关键的任务是建立起一套有效而公平的财政转移支付体系，这是实现上述目标的主要手段。

分税制在集中了地方的财力之后，并没有对中央和地方的支出责任做出重大调整，因此财政包干制时期的中央和地方"自收自支"的局面发生了彻底改变，地方政府出现了巨大的收支缺口，这就要靠中央对地方通过转移支付进行弥补。自上而下的规模巨大的财政转移支付，是分税制后中央和地方财政关系中一个最为重要的特点。

中央对地方的转移支付包括三大类：税收返还、专项转移支付和财力性转移支付。税收返还是分税制设计的两税（增值税和消费税）的基数和增量返还，在2002年所得税增量分享改革之后，又加上了所得税（企业所得税和个人所得税）的基数返还；专项转移支付是中央拨付给地方的、指定了特定用途的资金，俗称"戴帽"资金；其他的一些中央对地方的转移支付统统称为财力性转移支付，是中央拨付的用于补助地方支出的资金。

自1994年到2005年，三类转移支付资金的规模如下：

表3—1　　　　三类转移支付资金规模（1994—2005）

年份	财力性转移支付		专项转移支付		税收返还（两税+所得税）		总计
	亿元	%	亿元	%	亿元	%	亿元
1994	99	4.4	361	16.0	1799	79.6	2259
1995	133	5.6	375	15.8	1867	78.6	2375
1996	161	6.2	489	18.8	1949	75.0	2599
1997	199	7.3	518	19.0	2012	73.7	2729
1998	210	6.6	878	27.7	2083	65.7	3171
1999	364	9.3	1424	36.4	2124	54.3	3912
2000	620	14.0	1613	36.3	2207	49.7	4440

续表

年份	财力性转移支付		专项转移支付		税收返还 （两税＋所得税）		总计
	亿元	%	亿元	%	亿元	%	亿元
2001	1176	20.7	2200	38.7	2309	40.6	5685
2002	1623	22.1	2401	32.7	3328	45.3	7352
2003	1914	23.2	2598	31.4	3749	45.4	8261
2004	2605	25.0	3423	32.9	4380	42.1	10408
2005	3812	33.2	3529	30.7	4143	36.1	11484

数据来源：参见李萍《中国政府间财政关系图解》，中国财政经济出版社2006年版；中国财政杂志社编：《中国财政年鉴》（2003—2006），中国财政杂志社。

可以看出，在2000年以前，税收返还在中央对地方的转移支付中占主要部分，占总量的一半以上，到2005年基本呈现出三类转移支付三分天下即各占三分之一的局面。其中专项转移支付自1997年之后就大量增加，而财力性转移支付要到2000年之后才开始迅速增长。这与中央政府调整中央—地方关系和地方政府行为的意向密切相关。

税收返还在2002年以后包括了四种税收的基数返还，还包括了增值税的增量返还。税收返还在2002年后出现了迅速增长，是企业所得税和个人所得税基数返还导致的。财力性转移支付的类别众多，比较复杂。财力性转移支付的主要目标是促进地方政府提供公共服务能力的均等化，所以财政越困难的地区，得到的财力性转移支付越多。在财力性转移支付中，"一般性转移支付"尤其发挥了平衡地区间财政能力平衡的功能。自1995年开始，中央财政新设立了为了实现区域间财政公平的转移支付，起初命名为"过渡期转移支付"，2002年后改为"一般性转移支付"。一般性转移绝大部分由"普通转移支付"构成，此外还加上民族因素、革命老区及边境地区的转移支付，不过所占比重不大。普通转移支付主要考虑一个地区的财政收支状况，其计算公式为：

（某地区标准支出－某地区标准收入）×该地区转移支付系数＝该地区普通转移支付

标准支出和标准收入的测算根据中央政府颁布的测算指标计算，这些指标繁多而复杂，以2005年为例，收入测算指标有48项，包括税收、企业利润、工资、重要资源产量等，支出测算指标29项，包括人口、气温、耕地面积、粮食产量、汽油价格、事业费、城市建成区、社会保障支出等，指标数据的来源也非常复杂，包括国家相关部委、财政决算、《中国统计年鉴》以及民政、城市、劳动、农村等统计年鉴。转移支付系数是由普通转移支付总额除以地方标准收支差额得出的，反映了中央的转移支付弥补地方收支缺口的幅度。2002年所得税分享改革之后，中央的财力进一步增加，用于实现均等化目标的普通转移支付力度也迅速加大。到2005年，地方政府标准财政收支缺口的将近一半（47.3%）已经由中央财政用普通转移支付进行了补助。

一般性转移支付中的其他种类带有比较明确的目的，如民族地区转移支付和县乡奖补类转移支付用于支持特定地区的地方政府财政，调整工资转移支付则是对历次出台的增加行政事业单位人员工资政策的财政措施，总的原则是富裕地区自行负担工资增加部分，而其他地区则根据情况，由中央全额或者差额负责工资增加部分。税费改革转移支付的目的性更加明确，是根据2002年开始的税费改革造成的地方财政缺口，专门针对乡镇和村级财务拨付的转移支付。

由此可见，除了"一般性转移支付"以外，其他的转移支付虽然也是用于补助地方政府的财力，但是都带有明确的倾向性和目的性，地方政府在使用这些财力的时候，也被要求用于中央制定的部分，实际上是一种"准专项"性质的转移支付。

专项转移支付是我国转移支付体系的另一个主要组成部分，在总量上也远大于一般性转移支付。

分税制将收入集中于中央而引起的地方财政缺口被认为是导致基层财政困难的主要原因，也就是学界所形成一定共识的"财权层层上收、事权层层下移"的效应。分税制虽然只是对中央和省级财政的收入划分做了规定，但是由于省以下的收入划分则由省政府决定，所以分税制造成的收入上收的效应就会在各级政府间层层传递，造成所谓的财权"层层上收"的效应[1]。分税制后全国普遍流行一种这样的说法："中央财政喜气洋洋，省市财政勉勉强强、县级财政拆东墙补西墙、乡镇财政哭爹叫娘"，可以在一定程度上反映出中央和地方的状况。其背后隐含的意思是明显的，就是中央"拿走了"本来应该属于地方的财力，而使地方财政尤其是县乡财政陷入窘迫的境地。县乡财政困难也被认为是90年代中期以后中西部地区农民负担问题日益严重的重要原因[2]。

但是，由我们介绍的转移支付体系来看，这种说法实际上是将问题过分简化了。中央"拿走"的部分实际上并没有被中央花掉，而是以转移支付的形式返还给了地方。我们如果只从总量来进行分析，将地方基层财政的困难归咎于分税制改革显然有失公平。下面我们利用

---

[1] 阎坤、张立承：《中国县乡财政困境分析与对策研究》，《经济研究参考》2003年第90期。

[2] 周飞舟、赵阳：《剖析农村公共财政：乡镇财政的困境和成因》，《中国农村观察》2003年第4期。

全国县乡级的财政数据，来分析一下分税制对县乡财力造成的实际影响。我们在分析中将会重点分析转移支付部分。

分税制形成的收入集中的效应在政府间向下传递，形成"层层上收"的局面，这在作为最基层的县乡财政上反映得最为清楚。我们下面来对比一下分税制前后两年县级财政的变化。分税制实施的1994年，中央从县乡两级集中增值税和消费税1072.2亿元。如果按分税制以前的体制来计算，则1994年县乡财政收应入为2000亿元左右（县乡中央收入＋县乡地方收入），因此可以粗略认为，通过分税制，中央集中了县乡两级50%左右的收入。

从县乡两级的支出来看，改革前1993年为1459亿元，改革后1994年为1703亿元，所以地方支出的总量不但没有减少，而且还有显著的增加。对比分税制前后的县乡地方支出和收入部分，我们可以算出改革前收入对支出的缺口是86.4亿元，而改革后这个缺口扩大到735.9亿元。按照1994年的数据测算，这个缺口约占当年县乡财政总收入（包括地方收入和中央划走的收入）的37%左右。这恰恰是缺口在县乡级财政的反映。由此可以看出，分税制所划定的中央与省之间的关系几乎被完整地传递到县乡基层财政。

这是不考虑转移支付的情况。事实上，分税制改革以来，中央对地方开始实施大量的转移支付补助以弥补地方的支出缺口。这些补助包括税收返还、专项转移支付、过渡期转移支付补助、体制补助等多种。1994年，中央对地方的转移支付补助（对省及省以下政府）为2386.4亿元，到2002年增长到7351.8亿元，年均增长率15%，2002年的总规模超过1994年的三倍。那么，这些补助有没有像"收入集中"的效应一样"传递到"县乡级来弥补掉因改革造成的县乡财政收支的缺口呢？

表3—2　　　　分税制前后县乡转移支付补助、上解和净补助　　　（亿元）

项目	1993	1994
税收返还		580.3
专项转移支付	276.6	299.1
项目	1993	1994
体制定额补助	67.3	81.7
补助合计	343.9	961.1
体制上解	-255.4	-246.7
专项上解	-86.4	-63.8
上解合计	-341.8	-310.5
净补助	2.1	650.6

体制定额补助相当于我们前面介绍的"财力性转移支付",包含了一些杂项的补助,主要体现为上级财政与县级财政实施的财政体制中由上级政府按照体制补助给县级财政的转移支付资金。从上表可以看出,分税制改革前后上级财政对县乡的转移支付补助也显著增加。主要是税收返还增加了580.3亿元。改革前的净补助几乎为零,而改革的当年净补助规模达到了650.6亿元,虽然完全不能弥补改革形成的缺口(735亿元),但是基本维持了改革前的缺口水平。由此可见,虽然分税制改革集中了县乡财力,扩大了收支缺口,但是通过转移支付几乎完全弥补了因改革带来的县乡财力减少部分,维持了与改革前相同的相对收支水平。

这是分税制开始实施时的情况。由于税收返还是按照有利于中央的比率设计的,增值税1∶0.3的增量返还设计方案会使税收返还的比重迅速减少。所以有理由认为随着时间的推移,中央集中的收入会越来越多,地方的收支缺口会越来越大。那么,分税制的长期效应如何?在地方产生的税收中,中央划走的部分是不是越来越大呢?

为了考察中央集中的收入和县乡地方收入的比重变化情况,我们在中央集中收入中减去了税收返还部分，而在县乡地方收入中加上了税收返还的部分，这样就得到中央集中两税的净收入，从总的趋势来看，中央从县乡两级集中的收入是在不断扩大的。1995年这个比重略多于10%，但到2002年，中央集中的两税收入比重已经接近30%。

分税制的这种收入集中效应必然使得地方收支缺口扩大。我们前面对比了分税制前后两年的情况，下面看分税制实施后近十年的长期趋势情况。首先，县乡地方收入和支出的缺口呈不断扩大的趋势，自1998年后尤其明显。1994年的收支缺口约700亿元，1998年增加到1000亿元，2002年则迅速增加到3000亿元左右。但是根据统计数据显示，迅速增长的上级补助也一直在弥补县乡的财政缺口。最后，我们可以算出县乡财政的"净缺口"（经过上级补助以后的缺口）：

$$粗缺口 = 县乡地方收入 - 县乡地方支出$$
$$净缺口 = 县乡地方收入 - 县乡地方支出 + 上级净补助收入$$

表3—3　　　　　　　县乡财政的缺口情况　　　　　　（亿元）

年份	1993	1994	1995	1996	1997	1998	1999	2000	2001	2002
收入	1372	967	1261	1578	1497	1677	2426	2636	3096	3225
支出	1458	1703	2042	2451	2390	2651	3734	4199	5253	6313
粗缺口	-86	-736	-781	-873	-893	-974	-1308	-1563	-2157	-3088
净补助	2	651	665	741	789	837	1098	1451	2108	2979
净缺口	-84	-85	-116	-132	-104	-137	-210	-112	-49	-109

对比表3—3的粗缺口和净缺口，我们就可以看到上级补助的作用。由于分税制造成的收入集中效应，县乡财政的粗缺口是不断扩大的。

1994 年 736 亿元，到 2002 年已经高达 3088 亿元；但加上上级净补助后的净缺口却完全没有增加，一直维持在 50 亿—150 亿元的水平。

以上是对分税制影响的总量分析。从分析的结果来看，虽然分税制集中县乡收入的作用非常明显，但是其所造成的不断扩大的收支缺口已经被向下的转移支付弥补。从这个角度上来说，分税制本身不应该为县乡财政的困难状况负责。但这只是总量分析，如果转移支付的分配在地区间没有实现均等化，则亦会造成某些地区县乡财政的困难。下面我们就来分析转移支付对平衡地区间财力差距的作用。

转移支付的作用有两个，一个是通过转移支付，实现地区间财政支出的均等化，使得各个地区的居民能够享有类似水平的公共服务；另外一个通过转移支付实现中央政府对地方政府的行为约制。值得注意的是，这种对于财政收入的再分配不同于现代企业制度中的报酬分配，后者遵循的是效率原则，力图使得每个行动者的所得与所付出相一致，而前者首先遵循的是均等化原则，效率原则相对次要。下面我们分析分税制是否起到了预期的均等化作用。

因为我国的预算都是平衡预算，一般不允许赤字预算，所以在大部分地区：

$$预算支出 = 本级预算收入 + 净补助$$

我们先来看东中西部[①]三大地区自分税制实施以来人均预算收入

[①] 东中西部的划分按照 1986 年六届全国人大四次会议通过的七五计划中的划分方法，东部包括辽宁、河北、北京、天津、山东、江苏、上海、浙江、福建、广东、广西；西部包括新疆、宁夏、甘肃、青海、陕西、四川、云南、贵州、西藏；其余的省份属中部地区。

的变化情况。根据统计数据显示，分税制以来，中部和西部地区的县乡财政增长十分缓慢，而且增长幅度基本相同，到 2003 年，中部地区的人均预算收入为 212 元，西部地区为 210 元，基本没有差别。东部地区则不同，由于工业化的迅速发展，东部地区县乡的人均预算收入由 1994 年的 113 元迅速增长到 2003 年的 485 元，十年之内翻了四番还多。1994 年东部与中西部的差距在 35 元左右，2003 年差距则扩大到 270 元左右。

我们现在再来看人均支出，人均支出大致相当于人均收入 + 人均净补助。统计数据显示，人均支出的地区差距小于人均收入。2003 年，东部地区的人均支出为 750 元，中部和西部地区分别为 500 元和 571 元。最高的东部地区与最低的中部地区的差距 250 元，比人均收入的差距缩小了 20 元。人均支出的差异之所以小于人均收入的差异，是地区间的转移支付起了作用。但是，我们还可以看到，即使存在这种不断加大的地区间转移支付，地区间的人均支出差距还是在迅速扩大。1994 年，三个地区的人均支出差距不到 50 元，到 2003 年则扩大到 250 元。这说明转移支付的均等化效应远弱于由于地区发展不平衡带来的不平等效应。

对比多年的统计数据还可以看出，中部和西部地区的人均收入基本相等，但是人均支出水平却有明显的差异。这也主要是由于转移支付向西部地区倾斜造成的。中部地区人口稠密，大部分是农业区，农村的公共服务支出任务繁重，县乡两级所供养的财政人口也多，但是相比之下，得到的中央转移支付的水平却是最低的。在支出不足的情况下，中部地区的县乡政府自然会想方设法增加预算外的收入，导致这些地区的农民负担的日益加重和社会的紧张状态。

那么，转移支付的分配存在什么样的问题呢？为什么没有起到明显的均等化效果呢？

我们将中央对下级的转移支付分成三类，分别是增值税和消费税的税收返还、专项补助和其他补助。税收返还是与分税制内容相关的制度设计，前面已经介绍过。专项补助则是上级财政对下级财政下达的一些临时性、专门性的补助，这些补助每一笔数量虽然不大，但是种类众多，一年之中，可达100到200多种。所谓"其他补助"，在2000年以前主要是指原体制补助，是为了部分保留分税制以前各地方对中央的补助和上解关系而设立的，数量不大。2000年以后，中央财政加大了转移支付的力度，设立了数量大、种类多的为实行地区均等化的转移支付。例如一般性转移支付、税费改革转移支付、增加工资转移支付等以及2002年以来设立的所得税基数的税收返还。在这里统统归于"其他补助"，不免分类过粗，但由于这些转移支付并非此文讨论的重点，所以在此从简。

在三大类转移支付补助中，税收返还的比重是随着时间的推进而不断下降的，这与分税制的制度设计有关系。随着中央自2000年开始下达多种转移支付补助，专项补助的比重也迅速下降。1994年这两大类超过了转移支付总量的90%，十年之后，税收返还的比重由1994年的61%下降到2003年的18%左右，专项补助的比重也由31%下降到23%左右。其他补助的比重则上升到59%。在这59%的份额中，16%是用于补助地方财政日常运转的增发工资补助，7.9%是税费改革转移支付补助，7.3%是用于平衡地区财力的一般性转移支付。也就是说，在"其他补助"的范畴中，大部分都是用于平衡财力的，理论上主要面对中西部地区。由此看来，随着整个转移支付制度的结构性转变，转移支付越来越向中西部地区倾斜了。

但是如果真正分地区进行考察，实际情况却不是如此明显。下面三个图（图3—2、3—3、3—4）分别是分地区的三大类转移支付的年度变化情况，图中的数据都是人均数据。

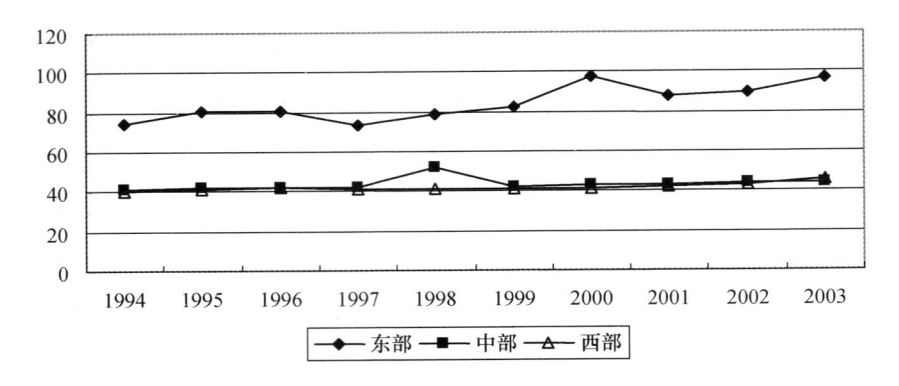

图3—2 东中西部县乡的人均税收返还（元）

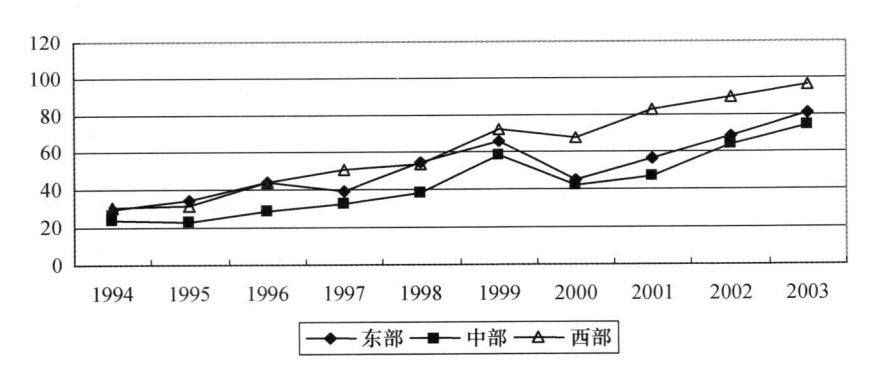

图3—3 东中西部县乡的人均专项补助（元）

有意思的是，在这三大类补助中，东部和西部地区"轮流坐庄"，中部地区在每一类补助中几乎都是处于最低位。东部地区的税收返还远远高于中西部地区，而西部地区则得到了最多的专项和其他补助。比较令人惊讶的发现是，中部地区即使在专项和其他补助中，也低于东部地区。2003年，中部地区的人均税收返还是44元（低于东部的

97元和西部的45元）；人均专项补助是75元（低于东部的81元和西部的96元）；其他补助是194元（低于东部的199元和西部的250元），可以说全部都处于下风，这很好地说明了为何中部地区的人均财政支出处于一个最低的水平。

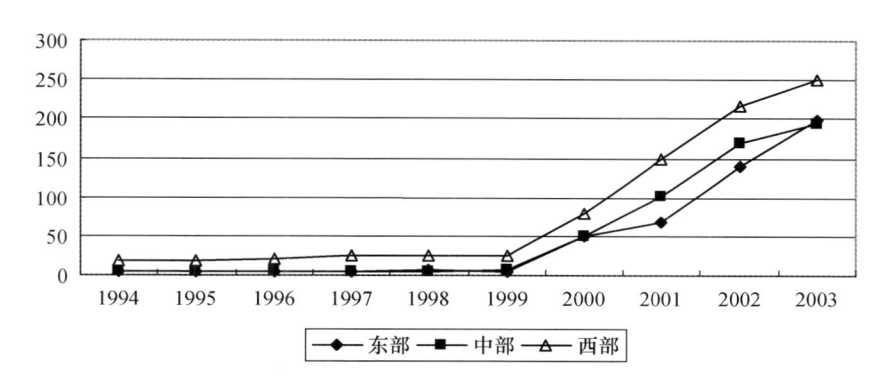

图3—4 东中西部县乡的人均其他补助（元）

至此，我们简要总结一下以上的发现。分税制在集中了地方财政的收入、提高了中央财政占财政总收入的比重之后，通过税收返还和转移支付补助的形式来弥补地方财政的支出缺口。从全国总的形势来看，基本是成功的。但是分地区来看，则存在着比较严重的地区不均衡现象。这无疑与分税制制度设计的初衷是有差距的。所以我们可以说，分税制实行十年以来，提高"两个比重"和"国家能力"的目的基本达到了，但是弱化地区间因发展速度带来的财力不均、公共服务水平不均的问题却不但没有能够解决，反而在一定程度上更加严重了。这主要是指中部地区严重落后于东部和西部地区而言。

这只是分税制的直接效应，还不包括这个制度的间接效应。转移支付虽然分配不均，但是从经验现象上来看，东中西部的实际差距要比转移支付的地区差异大得多。东部地区的税收返还比重虽然在逐步减小，中西部地区接受的均等化转移支付的比重虽然在逐步加大，但是地区间的公共服务水平却有天壤之别，这难以用转移支付的分配情况全部加以解释。正如我们在综述文献时所指出的那样，单纯地讨论财政的收入、支出和转移支付的分配，只是财政的一个方面即"财"的方面，要真正全面理解这些收入分配背后的影响因素，还应深入政府行为的层面即"政"的方面。分税制作为一次意义深远的制度变革，在集中财政收入、加强转移支付的同时，还对政府和企业的关系以及地方政府的预算外收入产生了巨大的影响，这在很大程度上重新塑造了过去十年来地方政府的行为模式。

分税制是改革开放以来最重要的一次财政制度改革。通过这个改革，中央财政有效提高了"两个比重"，增强了财政调节经济发展和收入分配的能力，规范了中央和地方的关系，走出了中央和地方就财政收入的再分配不断讨价还价的困境。与此同时，分税制改革对中央和地方关系、区域间关系以及政府和企业的关系也产生了重大而深远的影响，这些影响在分税制实行十年以来逐步呈现出来。

第 四 章

土地财政

从中央地方关系的角度看，分税制改革到底属于"集权"还是"分权"式的改革实际上存在着很大的争论。从财政收入分配的角度看，分税制无疑是"集权"改革，因为作为地方政府税收主体的增值税增量的75%都被集中到中央政府，而且分税制之后中央和地方财政收入比重发生的颠覆性变化也鲜明地说明了财政收入集中的力度。但是，如果从财政支出的角度看，中央的财政支出和地方财政支出的格局并没有因为分税制而发生巨大的改变，而且还一直沿袭着上升的势头。不论从收入角度看还是从支出角度看都是引起争议的最主要的原因。由于分税制只集中了地方的预算收入，而没有改变中央和地方政府的支出格局，所以中央集中的收入仍然需要通过转移支付由地方政府支出，这在前文都有体现。需要注意的是，经过这种"一上一下"的过程，地方政府可以自由支配的财政收入份额大为减少，但地方的支出压力并没有减轻，而且还有上升的趋势，这就是学界通常所说的分税制"财权层层上收、事权层层下移"的效应。

这种制度压力使得地方政府开始寻求新的地方财政收入增长的源泉。作为财政包干制下形成的追求财政收入增长的利益主体，在分税制后，地方政府的这种利益主体意识非但没有削弱，反而在支出压力下被大大加强了。对于地方政府而言，急迫的问题是如何寻求新的、可以自主支配的财政收入来缓解支出的压力。

在21世纪，随着大批国外投资的涌入和中西部劳动力的大规模迁移，沿海地区的工业化和城市化带来了城市建设用地的短缺，城市用地制度和农地征用制度的改革为地方政府大规模征用、开发和出让土地提供了经济需求和制度保障。

◇ 一 土地征用和政府的土地收入

目前我国土地的所有权有两种形式：全民所有制和集体所有制。全民所有制即国有土地，我国所有的城市土地均为国有，按照1982年的宪法修正案规定，"城市的土地属于国家所有"（第10条）；集体土地所有权则属于农村集体。

土地征用是国家依照法律规定的条件和程序，将集体所有的农村土地收归国有的一种措施。在城市化过程中，如果需要进行建设而使用土地，其产权性质必须是"国有土地"而不能为"集体土地"，这里的国有土地"包括国家所有的土地和国家征收的原属于农民集体所有的土地"（第43条）。这就意味着，在城市建设中，如果需要使用原有的集体土地，必须通过征地改变集体土地原有的产权性质。首先将集体土地转变为国有土地，然后才可以在土地市场上通过出让、划拨、租赁和转让等不同形式将土地转让给土地使用者。土地从农村集体所有转变为城市国有的过程，就是土地征用过程，这通常是由地方政府完成的。

农业用地转变为非农业建设用地，依据的法律为《土地管理法》。

按照 1998 年的《土地管理法》,"国家为了公共利益的需要,可以依法对土地实行征收或者征用"(第 2 条)。"对土地实行征收"的权力是被国家垄断的。土地征用的主体是国家,土地征用是一种政府行政行为。在特定的地域范围内,地方政府代表国家行使征地的权力,地方政府代表国家垄断土地资源,而土地征用这种以法律形式固定下来的政策,成为国家以强制性力量占有和取得农村资源的一个重要手段。

土地征用并非无偿,而是需要给予原所有者(集体)与使用者(农户)一定的补偿,其补偿的核心原则是按照"被征收土地的原有用途"。以耕地为例,对征收土地的补偿一般包括下面几个部分:①土地补偿费,即耕地被征用前三年的平均农业产值的 6—10 倍;②安置补偿费,即需要安置的农业人口数×耕地被征用前三年的平均农业产值的 4—6 倍(注:需要安置的农业人口数=被征收的耕地数量/征地前被征收单位人均耕地占有量);③地上附着物和青苗补偿费,这部分由地方政府规定。

在政府将集体农业土地通过"土地征用"这一过程转化为"国有土地"之后,"单位和个人"因为进行建设而需要使用土地的,就可以"依法申请使用国有土地"(第 43 条)了。这是我国城市化过程中用地的主要来源。国有土地的出让权力,垄断在国家手中,除了国家之外,"任何单位和个人不得侵占、买卖或者以其他形式非法转让土地"(第 2 条)。

土地使用方并非无偿获得土地使用权。使用国有土地的建设单位需要向政府缴纳"土地出让金"。在这一过程中,我国使用的是"国有土地有偿使用制度"(第 2 条)。除去一些"公益事业"用地可以通过"划拨"方式获得之外,建设单位使用国有土地,主要需要通过

"有偿使用方式"获得。"以出让等有偿使用方式获得国有土地使用权的建设单位……缴纳土地使用权出让金等土地有偿使用费和其他费用后,方可使用土地"(第55条)。

在讨论政府的土地收入时,一般往往将其视为土地使用权出让的土地出让金,而忽略掉其他收入。所以我们在此先对政府的"土地收入"作一个明确的界定:土地收入是指政府通过征税、收费或者经营形式获得的、与土地征用和出让有关的收入。其中既包括了通过土地出让得到的土地出让金,也包括了各种与土地有关的税费收入。严格来说,土地出让金并非政府的财政收入,而是通过土地开发和出让得到的"准经营"式的收入,是土地使用方"一揽子"向政府缴纳的整个使用权期限内的租金。至于税费收入部分,在当前的税收制度下,很少有专门针对土地征用、出让的主体税种和收费,政府与土地有关的各种收入分散在各种零散的税种和收费之中,也缺乏系统而专门的统计,因此我们的分析必须将这些收入从政府的税费中"过滤"出来。由于受到资料的细致程度的限制,此处进行的只是一个大致准确的分析。税费部分种类繁多、地区差别巨大,土地出让金部分则比较整齐并且数量巨大,所以我们会进行单独的专门讨论。

地方政府与土地相关的税费收入可以分为四个大的部分:

1. 与土地直接有关的税收:这包括城镇土地使用税、土地增值税(这两种由地税系统征收);耕地占用税、契税(这两种由财政系统征收)。

按照1988年国务院颁布的《中华人民共和国城镇土地使用税暂行条例》,土地使用税是以纳税人实际占用的土地面积为计税依据,依照规定税额计算征收。而税额是按照面积而不是土地的实际价值计算的。土地使用税每平方米年税额如下:大城市五角至十元;中等城市四角至八元；小城市三角至六元；县城、建制镇、工矿区二角至四元。按照这个计算标准，土地使用税无法体现土地的增值和级差地租，同时1988年的条例规定了绝对的税额限度，与当前的实际情况也颇有脱节之处。

土地增值税是国家为了规范土地和房地产交易秩序，调节土地增值收益而采取的一项税收调节措施。我国于1994年颁布了《土地增值税暂行条例》（以下简称《条例》），之后又出台了《土地增值税暂行条例实施细则》。《土地增值税暂行条例实施细则》对征收土地增值税的办法有具体规定。国家征收土地增值税，主要目的是为调节房地产开发市场的秩序，抑制房地产开发、转让的暴利行为。因此，这一税种的征收，最主要受到影响的还是房地产开发企业，特别是开发别墅、公寓、写字楼等高档项目的开发商，以及炒卖楼花的个人买卖行为。因为《条例》规定：纳税人建造普通标准住宅出售，增值额未超过扣除项目金额（开发成本及税费）20%的，国家免征土地增值税。因此从这点来说，个人购买房屋如果购买的是普通标准住宅，而且是用于自己居住的，一般不会受土地增值税影响。而如果购买的是高档次规格的房产，由于开发商的利润率（增值额）许多都超过了土地增值税开征的最低限额，这部分开发商必然要缴纳一定比例的土地增值税，这样开发商的开发收益就会相对减少。

与城镇土地使用税相比，土地增值税在一定程度上能够体现土地级差地租和增值收益。最近几年，土地增值税正在成为土地直接税收中的主要部分。

耕地占用税，是指国家对占用耕地建房或者从事其他非农业建设的单位和个人，依其占用耕地的面积征收的一种税。1987年，国务院发布的《中华人民共和国耕地占用税暂行条例》规定，耕地占用税以纳税人实际占用的耕地面积计税，按照规定税额一次性征收。征收范围包括国家所有和集体所有的耕地。农村居民占用耕地新建住宅，按标准税额减半征收。经济特区、经济技术开发区和经济发达、人均耕地特别少的地区，适用税额可以适当提高，但是最高不得超过标准税额的50%。由于与土地使用税相似，耕地占用税也是按照面积而非价值征收的，并且是一次性征收的，所以耕地占用税不能全面地反映土地增值收益，但是由于这是一次性税种，所以可以从侧面反映出土地征用和转让的面积的增长变化情况。浙江省2002年的耕地占用税12.3亿元，占地方财政收入的2.17%；绍兴县2003年的耕地占用税7739万元，占当年地方财政收入的5.7%。

契税是以所有权发生转移变动的不动产为征税对象，向产权承受人征收的一种财产税。现行契税是1997年7月7日重新颁布的《中华人民共和国契税暂行条例》，于1997年10月1日起实施进行征收的，契税的征收范围主要包括土地和房产两类。从契税的税基和税率来看，与其他的土地税收相比，契税相对比较能够反映土地的级差收益。在所有的土地直接税收中，契税也是最大的一个税种。浙江省2002年的契税有30.16亿元，占当年地方财政收入的5.32%。绍兴县2003年的契税为11027万元，占当年地方财政收入的8.2%。

就土地直接税收的总量而言，从浙江省的情况来看，土地的直接税收占到全口径财政总收入（包括中央税收）的3.1%，占到地方财政总收入的约6.3%；从绍兴县的情况来看，这两个比重分别约为6.2%和14%。值得说明的是，按照目前的分税制框架，上述土地税收全部属于地方财政收入，可见虽然土地税收的总量不大，但是对于地方政府的财政收入来说是非常重要的，因为土地税收每增加一分钱都是100%归地方财政所有。

从这四种税收的内部结构来看，其重要性又有所不同。由于土地使用税和耕地占用税都是按土地面积和固定税额进行征税，难以反映土地的增值情况，所以其自身的"成长性"比较差，但相对能够反映出地方政府征用土地的面积和规模的变化情况。土地增值税和契税相对能够反映出土地价值的变化，但是增值税基本没有开征，所以契税是四种税里相对规模最大、"成长性"最好、对地方政府来说最重要的税种。

2. 虽然土地直接税收在地方财政收入中的比重较小（5%—15%），但是经营土地对地方财政收入的贡献并不只限于这些直接税收，土地收入还应该包括一些与土地征用和出让有关的间接税收。

对于土地间接税收并没有统一严格的定义，我们此处将其理解为由于土地征用、出让所直接带动的产业所产生的税收，这些产业主要是建筑业和房地产业。当然，建筑业和房地产业的收入中也有一些与土地征用和出让没有关系，而其他产业如第三产业也有许多收入与土地征用和出让有关，在此我们无法将它们严格地区分出来。所以这里的土地间接税收是一个粗略的估计，用来评估土地征用和出让为地方政府带来的间接性收益。

这些间接税收主要包括：

（1）与土地转让有关的营业税。这包括一些地方政府经营的土地开发公司的营业税。2003 年，浙江省涉及土地转让收入的营业税约 11 亿元，占到地方财政收入的 2% 左右。

（2）建筑业和房地产业的营业税和企业所得税。由于建筑业和房地产业的业绩与土地转让、城市土地开发联系密切，所以这块营业税的大小能间接地反映出土地开发对地方财政收入的贡献。2003 年，绍兴县建筑业的营业税 1.4 亿元，房地产业的营业税 0.9 亿元，合计

2.3亿元，占当年地方财政收入的17%。两个产业的企业所得税（地方税收部分）合计约0.38亿元，占当年地方财政收入的2.8%。

（3）房产和城市房地产税。2003年，这个税种总计0.61亿元，占地方财政收入的4.5%。

合计以上三项，粗略估计土地开发的间接税收占到地方财政收入的26%左右。需要指出的是，这些间接收入并不能涵盖所有政府因土地开发获得的间接税收，上述的数字是一个保守的估计。

间接税收是比较容易受到研究忽略的部分。我们发现，虽然土地直接税收的比重较小，但是间接税收的比重较大。也就是说，土地开发间接推动了地方财政收入的迅速增长。

由于土地的直接税收和间接税收大部分都是地方税收而非中央税收，所以土地开发带来的直接和间接的财政税收大部分为地方财政获得（中央政府可以分享企业所得税的60%，按照建筑业和房地产业算下来，绍兴县2003年上缴中央的两个行业的企业所得税约0.57亿元，仅占当年上缴中央财政收入的3.3%）。从地方政府的角度来看，财政上依赖于间接税收比依赖于直接税收更加"保险"，因为按照近年来财政改革的思路，直接税收如果增长过快，很可能被划分或者部分划分为中央税收。

土地税收作为财政收入的重要组成部分，难以在统计和管理上准确地"离析"出来，这是旧有税制不能适应地方经济结构变化的结果。在当前的税制结构下，土地税收显得混乱而分散，其呈现形式也非常多样化，并且土地本身的直接收入主要依靠一次性税收，而间接收入又主要依靠建筑业，这都会在一定程度上激励地方政府扩大征地范围、铺张建筑摊子，而忽视经济发展和税源的可持续性增长。

3. 部门收费项目：耕地开垦费、新增城镇建设用地有偿使用费等（土地主管部门征收）。这是与土地直接有关的收费。另外还有政府的各部门在土地征用、出让、房地产开发过程中收取的种类繁多、内容复杂的收费项目。

土地上的收费按照部门可以分成以下三类：

（1）土地管理部门的收费：根据绍兴县的调查，土地部门的收费包括规费三种：2003年耕地开垦费（1259万元）、管理费（913万元）、业务费（3849万元）共计6011万元；专门收费四种：登报费（18万元）、房屋拆迁费（3019万元）、拆抵指标费（5350万元）、收回国有土地补偿费（2258万元）共计10645万元；另外收取新增建设用地有偿使用费[①]（3110万元）等。这三块收入在总地价中约占到10%。

（2）财政部门的收费：土地出让金下面单独论述。许多地区有向企业征收的土地使用费和土地租金。这是地方政府自己的规定（由地方性法规规定的）。

（3）其他部门收费：由土地征用到土地出让过程中许多部门都有收费项目，例如农业部门、房产部门、水利、交通、邮电、文物、人防、林业等。这些收费项目大多由省级政府自行制定标准。

因为第（2）和第（3）块收费不太清楚，所以我们无法估计土地收费的总规模有多大。但是从土管部门的收费来看，土地部门的收费将近2亿元。如果加上第（2）和第（3）块的收费，这个规模就

---

① 1999年，财政部会同国土资源部印发了《新增建设用地土地有偿使用费收缴使用管理办法》，从2000年起开征新增建设用地土地有偿使用费，30%上缴中央财政，70%留归地方财政，专项用于耕地开发。2000年，共征收37.03亿元，缴入中央财政11.11亿元；2002年，共征收134.47亿元，缴入中央财政40.34亿元。截至2003年5月底，新增建设用地土地有偿使用费累计共征收310.56亿元，其中缴入中央财政93.13亿元，留归地方财政217.39亿元。

会远大于土地直接的税收收入（绍兴2003年为1.8亿元）。可见土地的"费重税轻"是一个事实。从绍兴的情况粗略估计，如果除去土地出让金不算，则土地直接税、间接税和收费的关系约1∶2∶1.5左右。

4. 土地出让金不是税费，而是政府出让土地得到的租金。

这笔租金实际上是一笔支付的多年租金，从资金性质上来看，是用地企业的预付资金。为了方便起见，我们用"土地出让金"来指代土地出让的总收入（按交易地价算出），用"土地出让金净收益"来指扣除土地出让成本之后的收益。那么，土地出让金就是指土地以拍卖、协议等方式出让之后地方政府的总所得。全国土地出让金的总量，据笔者所见的一篇报道，自1992年到2003年，全国土地出让金收入1万多亿元，几乎全部是在2001—2003年的三年里取得的，这三年中土地出让金的总收入是9100多亿元[1]，其中土地出让金净收益约为1/4。2009年，根据中国指数研究院的报告，全国土地出让金达到15000亿元，其中大城市是增长的主力，全国70个城市土地出让金收入同比增加超过100%，其中，北京、上海、杭州土地出让金收入位居前三甲，上海土地出让金高达821亿元，位居各大城市之首。排在前20位的城市土地出让金总额高达6210亿元，同比增加108%[2]。2010年，根据国土资源部部长徐绍史的说法，全年土地出让金总额达到了27000亿元，几乎比2009年多了一倍[3]。

土地出让成本由以下几个部分组成：

---

[1] 2004年6月25日《云南日报》，并参见http://news.sina.com.cn/c/2004-06-25/12212906924s.shtml。

[2] 中国指数研究院发布《2009年中国及主要城市土地市场监测报告》，见http://fdc.soufun.com/news/zt/200911/crj.html。

[3] 这是根据新华社2010年1月7日的电讯报道。

（1）出让土地交纳税费：这一部分实际上已包括在了上面所说的税费中。但也有一些不包括在其中，因为政府还会有一些以土地为基础的收费和基金，比如农发基金、社保基金等。

（2）土地补偿费用：包括土地补偿费、安置补偿、青苗补偿、地上附属物拆迁补偿等；这主要是补给农民和村集体的部分。关于土地补偿，我们会在第三部分详细论述。

（3）土地开发费用：指各土地级别宗地红线外达到"五通"（通路、通上水、通电、通下水、通信）或"四通"（通路、通上水、通电、通信）和宗地内达到"一平"的开发水平的平均开发费用，此项费用由于各地区的经济发展程度不同而存在差异。

（4）土地出让业务费：扣除土地出让税费后，按2%—5%从出让金中提取作为土地管理部门的业务费。

根据我们在浙江省的调查，可以得到一个大致土地出让金成本和收益的估计。在我们所调查的三个地区2003年土地出让金的总额都是在20亿元左右，而净收益占15%—30%不等。如果我们据此推论浙江省其他地区的情况，20%的净收益应该是一个适中的估计。对于地方政府来说，这无疑是一笔巨大的收入。

综上所述，政府的土地收入有以下几个特点：

首先，土地收入的规模巨大。如果我们将土地收入的四个部分（直接税收、间接税收、收费以及土地出让金净收益）加总起来，可以得到政府土地收入的总规模。据我们的粗略估算，这个总规模在2003年的绍兴县接近14亿元，在其他两个地区应该差得不多。这个规模恰恰相当于绍兴县2003年地方财政收入的水平。这是按照土地出让金的净收益计算的。如果按照土地出让金总额计算，则土地收入达到27亿元，相当于地方财政收入的两倍。通过以上对政府的土地收入四个大的组成部分的分析，我们基本可以得出对这四个部分的规模的初步估计。土地直接税收、间接税收、部门收费和土地出让金的净收益的比大约是 1∶2∶1.5∶2.5。如果我们将所有的政府土地收入看作 100%，这四块的比重大约分别是 14%、29%、21%、36%。当然需要说明的是，这只是我们从浙江的三个地区得出的结论，在其他地区的情况可能非常不同。

其次，税费项目杂乱、难以体现级差收益。从土地税费的总体情况来看，税种和收费项目繁多而混乱是其最主要的特点之一。虽然只有四个税种是土地直接税收，但是这些税收中有两个是按面积征税，还有一个基本处于停征状态，难以体现土地级差收益。间接税收以建筑业和房地产业的营业税为主，主要来自投资和建设规模，而不是来自地方经济的可持续发展。收费项目多如牛毛，列举清楚都非常困难。

再次，税费管理混乱，收费项目多出自地方性法规。土地的收入几乎全部都是地方政府收入，这使得各地政府在有关土地税费的征收上有比较大的自由度。许多部门收费项目是出自地方政府之手，土地出让金的成本核算也是高度分权、透明度非常低。在土地收入成长迅速、成为东部地区政府的最主要收入来源的时候，对土地税、费的管理和使用效率的监督仍处于一个较为滞后的状态。

◈ 二　土地财政

一般认为，土地收入对地方财政的意义重大，主要是培植了另外一个政府财政体系，与政府预算收入财政相比，可以称之为"第二财政"。所谓"第二财政",是指地方政府在一般预算财政以外,发展出了另一个资金规模巨大、完全由地方政府自己掌控的、以土地收入为中心的财政收支体系,所以又可以叫作"土地财政"。地方政府流行的说法"第一财政靠工业、第二财政靠土地"说明了二元财政的收入来源,"吃饭靠第一财政、建设靠第二财政",则说明了二元财政的支出。这比较简洁而鲜明地说出了土地财政对于地方政府的意义。通过我们的调查来看,这个观点只有一部分是正确的。因为不但第二财政靠土地,第一财政也越来越依靠土地而不是工业。下文中,我们将通过陕西西安市长安区和浙江绍兴县的两个调研案例来说明土地财政的基本特征。

(一) 长安区的收入结构与土地开发的关系

长安县自西汉而设,是古代几个朝代的京畿之地,其城区离西安市中心仅8.7公里。于2002年9月撤县设区,成为西安城市新区,其中韦曲、郭杜为两大新建的开发区,以科技和大学区为主。进入21世纪以来,长安区被规划为西安大学城的所在地,展开了大规模的土地开发。

一般而言,地方政府的本级收入由三个部分组成,即预算内收入、财政基金收入和预算外收入。在1999—2003五年的时间里,长安区政府的收入结构出现了比较明显的变化,即预算内的比重逐渐增大而预算外收入的比重逐渐缩小。具体表现在:

(1) 政府的收入结构由依靠基金和预算外收入变为主要依靠预算内收入。预算内收入占总收入的比重由1999年的46%上升到了2003年的62%,而预算外收入的比重由42%下降到了31%。

（2）预算内收入出现了飞快的增长速度。长安区政府的预算内收入在 2002 年和 2003 年有着高速增长，分别比上一年增长了 45% 和 24%，分别远远高于同期 GDP 18.5% 和 13% 的增长速度。

为什么会有这样的变化呢？我们进一步来看各类预算内收入的构成情况。统计数据显示：

五年间财政收入的结构发生了巨大的变化。1999 年，长安区最主要的三种税收增值税、营业税和农业税占预算收入的比重分别是 13%、31%、18%；到 2003 年这三种税收的比重分别是 7%、56%、18%。农业税的比重几乎没有变化，但是增值税下降了 6%，而同期营业税的比重增加了 25%，单此一项税收已经超过了总预算收入的一半。

如果以 1999 年为基数，则营业税的年均增长率高达 81%，城市建设税的年均增长率 44%，都超过了地方预算收入的增长率（33%）。

从上述分析中，我们可以看出两类税种的鲜明对比，即营业税的快速增长和增值税以及企业所得税的缓慢增长甚至负增长。增值税和企业所得税的缓慢增长，从一定程度上说明长安区工业化发展速度的缓慢。因为在第二产业中，只有建筑业交纳营业税，所以我们可以初步判断，推动财政收入增长的主要动力来自建筑业和第三产业。

下面我们再按行业观察税收收入的增长情况。1999 年长安区对地方税收贡献最大的行业分别是建筑业 34%、批发零售业 23%、金融业 15%；2003 年前三名分别是建筑业 61%、房地产业 11%、交通运输业 7%。

行业税收呈现两个显著的特点：

（1）财政税收越来越依赖于建筑业和房地产业。与 1999 年相比，

2003 年的建筑业的税收增长了 5 倍，将近 1999 年基数的 6 倍，而相比之下，第二产业的所有其他部门在 5 年间的增长连一倍都不到。房地产业是地方预算收入增长中的另一支后起之秀，2003 年产生的税收是 1999 年的 20 倍。

（2）结构性的变化主要发生在 2002 年和 2003 年。建筑业和房地产业的快速增长主要是在这两年得以实现的。

建筑业和房地产业成为地方税收的主要来源这个现象凸显出长安区的经济发展特点。2003 年的税收合计比 2001 年翻了一番，在增加的税收总量中，建筑业和房地产业的税收增量占了 96.7%。这个现象表明，长安区的工业化和大部分第三产业的增长都比较微弱，而城市建设的规模以及房地产业的发展是最为主要的推动力。从税收结构的变化上，我们可以初步判断，长安区的经济增长主要不是依靠工业化，也不完全是靠以第三产业增长为主要标志的城市化，而是靠以征地、迁拆为中心的建设规模的扩大取得的，在这种发展模式中，土地必然扮演一个极为主要的角色。

这个模式在税收结构上，除了表现为建筑业营业税的飞速增长以外，还表现为各种土地直接税收和间接税收的快速增长。土地的直接税收由 1999 年只占地方预算收入的 3.4% 上升到了 2003 年的 9.6%。土地的间接税收同样表现出快速的增长，在 2002 和 2003 年尤其明显，这其中最明显的仍然是建筑业和房地产业的营业税。从 1999 年到 2003 年，所有土地税收占总财政收入的比重从 22.7% 上升到 57.5%。到此为止，我们可以断定，土地以及土地所产生的直接和间接的税收对长安区的预算内财政收入的增长可以说是性命攸关的。

以上分析的是以税收为主的预算收入，下面我们来看基金和预算外收入。

对于长安区而言，基金和预算外收入在总的政府收入中的比重是下降的。1999年占54%，到2003年只占38%。这些收入都是一些非税收入。按照我们分析土地收入的目的，我们可以将这些收入分成三类：(A)土地出让金、(B)与土地有关的收费以及(C)与土地无关的收费。其中第一类比较明确，而第二类和第三类的区分难度很大，这是因为与土地有关的收费种类繁多、涉及部门较多，同时有些收费种类处于两者之间。

(A)土地出让金的总量不大，增长情况也在年度之间有比较大的变化。

(B)与土地有关的收费项目复杂，我们无从得知，但是可以从中理出一点线索。

地方政府的"预算外资金收入"最主要的项目是行政事业性收费与政府性基金收入。在长安区，政府性基金收入主要包括三个部分，即公路养路费、城市教育费附加与城市建设配套费。在这三项收入中，城市建设配套费是与土地开发直接相关的收费。长安区政府将这块资金当作城市开发建设的主要资金来源渠道之一，凡在城市规划区内的所有规划项目都按规定足额收取配套费，这成为三项政府性基金中规模最大的一部分。由于养路费和城市教育费已经纳入预算内管理，算作预算内收入，所以在统计中，政府性基金的主要内容就是城市建设配套费。这项收费在2001年是904万元，2002年是1488万元，2003年2772万元，三年的时间里征收了5000万元。

各行政事业单位的服务性收费部门种类繁多，我们无法从中分出哪些是与土地开发有关的、哪些是无关的收入。所以，实际上在长安区(B)和(C)两类收费我们无法分开。我们将"土地出让金"和"城市建设配套费"合并起来之后，虽然这不包括部门的杂项土地收费,但比重已经非常之大,2002年以前占总的非税收入的20%,2003年占到了40%。

通过以上的分析,我们现在来总结长安区财政收入的几个特点:

第一,预算内收入也就是税收收入比非税收入更加重要。在过去五年的时间里,税收收入的比重由40%上升到60%,而非税收入的比重由60%下降到了40%。

第二,税收收入的快速增长并非靠工业化以及城市化带动的第三产业的发展所带来的,而是由土地开发、城市拆迁和建设规模的扩大而带来的。这表现在:(1)工业税收没有增长,这说明工业化缓慢;(2)第三产业的税收(除房地产业以外)增长缓慢,这说明人口城市化的速度缓慢;(3)95%的税收增长依靠建筑业和房地产业的税收,这说明土地开发是此地经济发展的全部动力。按照这样的发现推测,我们观察到的是一个既缺乏工业化,也缺乏人口城市化的经济增长模式,但是却有着发达的土地城市化。

第三,土地开发带来的是土地税费的快速增长,而作为政府经营土地的直接收益——土地出让金的规模却很小。在过去的三年里,土地出让金只有790万元、55万元和2459万元,分别只占政府全部收入的3.8%、0.2%和7.1%。

(二)绍兴县的土地财政

绍兴县是绍兴市下属的一个县,是绍兴经济最发达的地区,多年位居全国百强县中的前十位,是我国东部地区发达县市的代表。

根据我们的调查数据,土地的间接税收与直接税收在地方预算内收入中的比重从2001年的30.5%增长到2003年的38.4%,绍兴县的预算内财力中有超过1/3是来自土地的税收。值得注意的是，这些税种的增长速度远远超出其他税种的增长速度，是地方财政收入增长最主要的动力。从2001年到2003年，建筑业和房地产业的所得税虽然出现下降和停滞，但是营业税却表现出极其快速的增长（2002和2003年度的增速分别是100%和40%），房地产税的增长速度也很快。这种现象是比较奇怪的，因为如果房地产业和建筑业在这三个年度里增长迅速，营业税和所得税都应该有快速的增长才对。所得税之所以增长缓慢，主要是因为营业税是100%归地方政府所有，所得税40%归地方政府所有，这严重影响到地方政府征收所得税的积极性。

在我们所调查的2002年和2003年，地方财政收入增长的速度分别是7.1%和28.1%；但是土地税收的增长速度分别是28.2%和69.6%；其增幅远远高于总收入的增长速度。在总收入的增量部分中，土地税收的贡献率分别是109.9%和71.3%，即地方财政收入的增长主要是靠土地收入的增长带动的，这与我们前面讨论的长安区的情况如出一辙，不同的是预算外的情况。

预算外财政的收入来源主要包括土地出让金和部门收费（这其中有土管部门的收入、其他部门与土地有关的收费、与土地没有关系的收费几个部分）。从我们调查的情况来看，与土地有关的收入在预算外财政中占了主要的部分。

绍兴县预算外收入包括行政事业性收费、政府性基金、土地出让金。行政事业性收费中有些是基于土地转让的收费项目，但是我们很难将其区分出来。政府性基金收入中最大头的农发和社保基金都是按照土地转让收入的比例提取的，所以也可以看作是土地收入的一部分。土地出让金是土地转让的总收入。所以基金和出让金两个部分基本上可以看作是政府从土地上取得的预算外收入。从我们调查所得到的数据来看，土地收入能够占到预算外总收入的 80% 以上。

综合长安区和绍兴县的情况来看，土地收入无疑是地方财政的支柱。在绍兴，无论是预算内还是预算外土地收入都是最为重要的部分。对于地方政府而言，这种结构的形成有赖于外生和内生因素的共同作用。外生的因素就是当前的土地、财政和税收体制，而内生的因素是地方政府在当前体制下的谋利行为。分税制改革以来，中央将一般预算内的主体税种划分为中央收入，而将非主体税种划分为地方收入。同时，由于在 1994—2002 年被划分为地方收入的企业所得税和个人所得税增长迅速，2002 年中央又把这两个所得税划为中央地方共享收入。这种集中财力的努力给地方政府的收入行为带来了一种"挤压"效应，即迫使地方政府不断把增加地方财政收入的重心移向那些零散、量小、不重要的税种。在所得税变成中央共享税之后，我们看到自 2002 年以来，营业税的增长异常迅速，成为带动地方财政收入增长的最主要力量，这明显就是"挤压"效应的结果。

中央伴随分税制改革的另一个努力在于预算制度改革。预算制度改革的主要内容是将预算外的资金纳入预算内进行管理，同时推行国库集中支付制度和预算外资金的"收支两条线"的管理办法，力图使得地方政府的资金收支透明化、管理规范化。由于预算内资金的管理是相对集权化、透明化的，而预算外资金对于地方政府来说相对自由度较大，这样如果将预算外资金纳入预算内管理的话无疑限制了地方政府的支出权限。这就造成了第二个"挤压"效应：地方政府力图做大那部分没有纳入预算内管理的预算外收入，而这其中最主要的就是以土地出让金为主的土地收入。

上面这段论述可以显示出中央的财政政策对地方的"挤压"和激励效应。我们可以看出，在双重"挤压"效应之下，对于地方政府的财政来说，预算内财政增收的重点变成了营业税和土地税收，而预算外财政增收的重点就是土地出让金。正如上面的分析所示，这两个部分也是近些年来增长速度极快的部分。

预算内的财政支出部分保持的是常规的分配，我们不做详细讨论，在此重点讨论预算外尤其是土地出让金的使用办法。预算外的土地出让金部分的主要使用途径有三个：

首先是用于土地开发和转让成本，这包括对农民的补偿和"三通一平""五通一平"的成本，这部分不包括在土地出让金的净收益中。土地出让金的净收益，主要用于两个方面。

一是用于补充财政支出和土地征用的其他成本。土地出让金是政府手中的"活钱"，缺少预算约束，这些资金虽然许多都是通过财政部门支出的，但与正规的财政资金支出制度完全不同。政府征用和出让的土地分成三大类，公益性、工业化和经营性，分别采取划拨出让、协议出让和招拍挂的出让方式。对于公益性土地出让（公路、水利、教育、卫生等），政府的土地开发收入并不足以弥补土地开发的成本，所以这里政府一般要"倒贴"。另外，对于工业性用地的开发，地方政府也一般无钱可赚，这是因为各地政府为了"招商引资"，一般会限制地价。工业用地的价格并不像商住用地那样连年增长，而是保持在一个维持在开发成本的水平，在有些情况下，政府还要倒贴一部分。政府要通过土地征用和转让挣钱，主要靠商住用途的经营性用地。一般而言，工业用地出让价和成本价差别不大，商住用地则是远高于成本价，其中的土地出让金净收益部分用来补贴公益性土地的征地成本。

二是比较重要的和大头的支出，这就是土地出让金的大部分会作为基本资产来成立一些政府下属的开发和建设公司。一般的县级政府下面都会有几个这样的大公司：城市投资开发有限公司、城市交通投资有限公司、城市水务集团、城中村改造有限公司等，一般将这些公司称为"政府性公司"。这些公司性质属于国有投资公司，一般在2000年以后成立，都是由政府部门的领导出任董事长或总经理，除了交通公司之外大都属于非盈利性质，其主要的功能是进行城市公益性基础设施的投资和建设。

这些资金表面上看起来都会被用于城市公共建设，但实际上却没有这么简单。这些资金和公司成立的另一大目的并非直接进行城市建设，而是要为城市建设进行融资。也就是说，政府注入公司的土地出让金并非直接用来进行开发建设，而是用来作为资本金，获取银行贷款。这些政府性公司就是我们通常所说的"地方政府融资平台"。这是连接土地财政和土地金融的关键机构。关于土地财政金融和城市化的关系，我们在最后一部分做进一步讨论。在本章的下一部分，我们用实证数据来解释分税制与土地财政之间的密切关系。

◇ 三 分税制和土地财政的实证解释[①]

为了证明分税制与土地财政之间的关系，我们使用已有的全国宏观数据对其进行验证。使用的数据来自于公开发表的统计资料[②]，以

[①] 本节的主要内容来自孙秀林、周飞舟《土地财政与分税制：一个实证解释》，《中国社会科学》2013年第3期，内容略有修改。

[②] 这些资料包括《中国土地年鉴》（1995—1997）、《中国国土资源年鉴》（1999—2008）、《中国国土资源统计年鉴》（2005—2008）等。本文使用的数据选取1995—2005年。财政体制方面的数据，来源于《中国税务年鉴1995—2005》、《中国统计年鉴2002—2005》、《地方财政统计资料1995—2005》。

省级多年的面板数据来进行分析。

我们需要验证的基本假设来自前面两章和本章的机制分析,可以表述如下:在新的财政体制下,地方政府损失的越多,其从土地征用、开发和出让中获得收入的激励就越大;也就是说,在分税制及之后的财政体制改革中,中央政府从地方政府"集中"走的收入越高,地方政府就会越多地从土地征用过程中获得收入。

本部分的主要目的是试图解释地方政府的征地行为方面的差异。通过刘守英、周飞舟等人对于地方政府的征地收益分析[①]可以看到,虽然土地出让金并不是地方政府"经营土地"的唯一收入,但却是其中最大份额的收入。因此,因变量定义为地方政府通过土地出让所获得的土地出让金数目。

在此假设,在新的财政体制下,中央从地方财政中拿走的数额越多,地方政府的征地行为越激烈,因此,核心自变量为中央从地方集中的税收。1994年分税制改革,中央将消费税的100%与增值税的75%收归中央财政;2002年的所得税改革,中央又将企业所得税与个人所得税的50%收归中央财政(2002年之后这个比例增大为60%)。这两部分收归中央的财政收入,减去中央对地方的税收返还,即为中央通过这两次财政改革从地方财政集中起来的收入,或者称为地方政府在财政体制改革中遭受的税收损失。具体计算公式如下:

(1)[2002年之前]税收损失 =(消费税 + 增值税 × 0.75)− 消费税和增值税税收返还

(2)[2002年]税收损失 =(消费税 + 增值税 × 0.75)− 消费

[①] 刘守英、蒋省三:《土地融资与财政和金融风险——来自东部一个发达地区的个案》,《中国土地科学》2005年第6期;周飞舟:《生财有道:土地开发和转让中的政府与农民》,《社会学研究》2007年第1期。

税和增值税税收返还 +（企业所得税 + 个人所得税）×0.50 – 所得税基数返还

（3）［2002 年之后］税收损失 =（消费税 + 增值税 ×0.75）– 消费税和增值税税收返还 +（企业所得税 + 个人所得税）×0.60 – 所得税基数返还

在模型中的控制变量包括人口、GDP、工业化水平（第二产业占 GDP 比例）以及城市化水平（非农业人口比例）等。除去工业化水平与城市化水平为百分比格式外，其他所有变量均取自然对数格式（ln）。下表为所有变量的一个描述[①]（表 4—1、表 4—2）。

表 4—1　　　　　　　　文中所使用变量的描述统计

	观测值	均值	标准差	最小值	最大值
土地出让金（ln）	308	12.04	1.95	6.22	16.28
税收损失（ln）	309	13.27	1.66	6.29	16.78
人口（ln）	308	17.19	0.92	14.67	18.54
GDP（ln）	310	7.73	1.09	4.02	10.02
城市化水平（%）	308	30.80	15.39	13.52	84.46
工业化水平（%）	310	44.04	7.95	17.59	59.50

表 4—2　　　　　　　文中所使用变量的均值［不同年份］

年份	土地出让金（ln）	税收损失（ln）	人口（ln）	GDP（ln）	城市化水平（%）	工业化水平（%）
1995	10.86	12.21	17.15	7.14	27.98	42.98
1996	10.72	12.34	17.16	7.30	28.44	42.33
1998	11.20	12.56	17.17	7.50	28.86	42.61

---

① 因为 1997 年土地出让金数据缺失，1997 年数据未包含在后面的分析模型中。

续表

年份	土地出让金 （ln）	税收损失 （ln）	人口 （ln）	GDP （ln）	城市化水平 （％）	工业化水平 （％）
1999	10.92	12.69	17.18	7.56	29.24	42.80
2000	11.13	13.07	17.19	7.66	29.73	43.59
2001	11.93	13.25	17.20	7.75	30.26	43.57
2002	12.67	13.72	17.21	7.85	31.41	43.91
2003	13.43	13.99	17.21	7.99	32.75	45.80
2004	13.76	14.33	17.22	8.17	34.04	47.34
2005	13.75	14.57	17.23	8.36	35.14	45.50
总计	12.04	13.27	17.19	7.73	30.80	44.04

我们使用 y_{it} 来代表省份 i 在年份 t 的土地出让金，X_{it} 代表税收损失。

$$y_{it} - y_{it-1} = -\alpha y_{it-1} + \beta' X_{it} + u_{it} \quad t = 1, 2, \cdots, T$$

$$u_{it} = \eta_i + w_t + \varepsilon_{it}$$

$$\beta = \alpha \pi, \eta_i = \alpha \lambda_i, w_t = \alpha \gamma_t, \varepsilon_{it} = \alpha v_{it}$$

π 表示参数向量，λ_i 表示不随时间变化的、省份 i 的独有特征（如某个省份的地理位置）；γ_t 表示不随省份变化的、某个年份 t 的独有特征（如中央政府在某年对于土地征收的政策）；v_{it} 表示残差项。我们使用下面几种不同的估计方法：

（1）最小二乘法（Ordinary least square）。通过把不同省份、不同年份的数据混合在一起进行估计：

$$y_{it} - y_{it-1} = \beta' X_{it} + w_t + \bar{u}_{it} \quad t = 1, 2, \cdots, T$$

（2）随机效应模型（Random effects model）。与最小二乘法估计一样，这种方法也假设误差项（$\bar{\eta}_i + \bar{\varepsilon}_{it}$）与方程中 X_{it} 不相关；但不同的是，这一方法将未观测到的个体异质性（$\bar{\eta}_i$）包含进模型中：

$$y_{it} - y_{it-1} = \beta' X_{it} + w_t + (\dot{\eta}_i + \dot{\varepsilon}_{it}) \qquad t = 1, 2, \cdots, T$$

（3）固定效应模型（Fixed effects model）。如果未观测到的个体异质性 $\dot{\eta}_i$ 与 X_{it} 相关，那么因为存在遗漏变量的问题，最小二乘法模型与随机效应模型都是有偏的、不一致的。在这种情况下，使用固定效应模型消除这一非观察效应：

$$y_{it} - y_{it-1} = -\alpha y_{it-1} + \beta' X_{it} + w_t + n_i + \dot{\varepsilon}_{it} \qquad t = 1, 2, \cdots, T$$

（4）差异广义矩阵法（difference-GMM）。在前3种方法中，y_{it-1} 是被忽略的。如果我们在回归方程中不控制 y_{it-1}，估计将是有偏的、不一致的，因此需要使用广义矩阵方法（Generalized method of moments）来估计方程①。这一方法通过一阶差分来消除省份固有效应的影响，然后使用 y_{it-p}（$p \geq 2$）作为工具变量来修正其差异：

$$y_{it} = (1-\alpha) y_{it-1} + \beta' X_{it} + u_{it} \qquad t = 1, 2, \cdots, T$$

（5）系统广义矩阵法（system-GMM）。这一方法使用 Δy_{it-p}（$p \geq 2$）作为工具变量来修正因变量滞后变量（y_{it-l}，$l \geq 1$）的内生性②：

$$y_{it} = (1-\alpha) y_{it-1} + \sum_{l=2}^{L} \rho_l y_{it-l} + \beta' X_{it} + u_{it} \qquad t = 1, 2, \cdots, T$$

$$u_{it} = \eta_i + w_t + \varepsilon_{it} \tag{1}$$

表4—3报告了基准的最小二乘法（OLS）的估计结果。在4个

---

① Holtz-Eakin, D., W. Newey, and H. S. Rosen, 1988, "Estimating Vector Autoregressions with Panel Data." *Econometrica* 56: 1371 – 95; Arellano, M., and S. Bond, 1991, "Some Tests of Specification for Panel Data: Monte Carlo Evidence and an Application to Employment Equations." *Review of Economic Studies* 58: 277 – 97; Arellano, M., and O. Bover, 1995, "Another Look at the Instrumental Variables Estimation of Error Components Models." *Journal of Econometrics* 68: 29 – 51.

② Blundell, R., and S. Bond, 1998, "Initial Conditions and Moment Restrictions in Dynamic Panel Data Models." *Journal of Econometrics* 87: 11 – 143.

方程中，依次放入各个自变量：首先是核心自变量（方程1），其次是控制变量（方程2），再次是年份的虚拟变量（方程3），最后是地区的虚拟变量（方程4）。在所有的模型中，本文的核心变量——税收损失——都是非常显著的，并且符号为正，与我们的假设非常一致：省级地方政府在财政体制改革中遭受的税收损失越大，就越有动力从土地出让获利来弥补损失。如果计算这一变量的边际效应可以看到，地方政府在财政体制改革中损失增加1%，它就需要从地方土地出让中获利增加0.5%—1%，以此来弥补其损失。

表4—3　　　　　　　　最小二乘法回归结果（OLS）

因变量：土地出让金（ln）

	1	2	3	4
税收损失（ln）	0.998***	0.834***	0.572***	0.513***
	(0.034)	(0.081)	(0.084)	(0.086)
人口（ln）		-1.417***	-1.173***	-0.560***
		(0.146)	(0.157)	(0.210)
GDP（ln）		1.554***	1.645***	1.096***
		(0.174)	(0.164)	(0.223)
城市化水平（%）		-0.043***	-0.031***	-0.019***
		(0.005)	(0.006)	(0.006)
工业化水平（%）		-0.040***	-0.039***	-0.031***
		(0.008)	(0.007)	(0.007)
年份的虚拟变量			√	√
地区的虚拟变量				√
常数项	-1.202***	16.438***	14.778***	8.548***
	(0.455)	(1.855)	(1.916)	(2.354)
观测值	307	307	307	307
R^2	0.739	0.825	0.865	0.873

***$p<0.01$，**$p<0.05$，*$p<0.1$；括号内为标准误。

表4—4报告了随机效应模型与固定效应模型的结果。与上述最小二乘法模型的结果基本一致，固定效应模型的结果显示，地方政府在财政体制改革中损失增加1%，它从地方土地出让中获利将会增加0.74%（表4—4中的方程4）。

表4—4　　随机效应模型（Random effect model）与
固定效应模型（Fixed effect model）

因变量：土地出让金（ln）

	1	2	3	4
	Random Effect	Random Effect	Fixed Effect	Fixed Effect
税收损失（ln）	0.795***	0.654***	0.587***	0.737***
	(0.068)	(0.114)	(0.136)	(0.135)
人口（ln）		-0.978***		-5.431***
		(0.274)		(1.265)
GDP（ln）		1.241***		-1.246**
		(0.263)		(0.568)
城市化水平（%）		-0.030***		-0.024
		(0.010)		(0.017)
工业化水平（%）		-0.016		0.037**
		(0.011)		(0.016)
常数项	1.146	12.286***	3.690**	103.057***
	(0.846)	(3.340)	(1.662)	(21.627)
观测值	307	307	307	307
R^2			0.818	0.837
省份个数	31	31	31	31

***$p<0.01$，**$p<0.05$，*$p<0.1$；括号内为标准误；年份虚拟变量被纳入方程但结果未报告。

广义矩阵方法（GMM）需要满足两个条件：第一个条件，误差项 ε_{it} 必须不相关；第二个条件，工具变量是外生的[①]。表4—5 是差异广义矩阵法（difference-GMM）模型的估计结果。广义矩阵方法的第一个条件要求误差项的一阶差分 $\Delta\varepsilon_{it}$ 应该在一阶序列相关（first-order serial correlation）上是显著的，但在二阶序列相关（second-order serial correlation）上是不显著的，我们使用 m_1 和 m_2 来检验这一条件，表4—5 的 m_1 和 m_2 的结果显示，广义矩阵法的第一个条件得到满足。同时，Hansen 检验的 p 值显示广义矩阵法的第二个条件也得到满足。

广义矩阵方法会产生大量的工具变量，一个有限样本可能无法精确估计一个大矩阵，可能导致模型过度识别，从而弱化 Sargan/Hansen 检验，无法产生一个等于 1.000 的 p 值[②]。方程1 和方程2 显示，虽然 Sargan/Hansen 没有出现令人满意的 $p=1.000$，但是工具变量的个数（25）并没有超过横断面单位个数（即省份个数31）。方程3 和方程4 显示，当我们控制了其他变量之后，虽然工具变量的个数（65）超过横断面单位个数（31），但是 Hansen 检验的 $p=1.000$。综合来看，差异广义矩阵法（difference-GMM）模型的估计结果是可以接受的。

在差异广义矩阵法（difference-GMM）模型中，税收损失几乎在所有的模型中都是显著的（除去方程4），说明我们的假设是非常有

[①] Sargan, J., 1958, "The estimation of economic relationships using instrumental variables." *Econometrica* 26, No. 3: 393 – 415; Hansen, L., 1982, "Large Sample Properties of Generalized Method of Moments Estimators." *Econometrica* 50, No. 3: 1029 – 54; Bond, S., 2002, "Dynamic Panel Data Models: A Guide to Micro Data Methods and Practice." Institute for Fiscal Studies Working Paper 09/02, Institute for Fiscal Studies, London.

[②] Bowsher, C. G., 2002, "On Testing Overidentifying Restrictions in Dynamic Panel Data Models." *Economics Letters* 77: 211 – 20.

力的（表4—5）。

表4—5　差异广义矩阵法（difference-GMM）模型的估计结果

因变量：土地出让金（ln）

	1	2	3	4
	One-way	Two-way	One-way	Two-way
税收损失（ln）	0.774***	0.740***	0.694**	0.471
	(0.221)	(0.190)	(0.300)	(0.561)
人口（ln）			−11.046*	1.19
			(6.087)	(9.624)
GDP（ln）			−3.051***	−2.116
			(0.834)	(1.565)
城市化水平（%）			−0.028	−0.033
			(0.033)	(0.076)
工业化水平（%）			0.081**	0.11
			(0.038)	(0.082)
因变量的一阶滞后变量	0.244***	0.247***	0.139*	0.099
	(0.094)	(0.090)	(0.077)	(0.113)
观测值	184	184	184	184
省份个数	31	31	31	31
m_1	−2.83	−2.15	−2.58	−1.98
m_2	−0.39	−0.31	−0.61	−0.5
Sargan test（p值）	0.051	0.051	0.010	0.010
Hansen test（p值）	0.629	0.629	1.000	1.000
工具变量个数	25	25	65	65

***$p<0.01$，**$p<0.05$，*$p<0.1$；括号内为稳健标准误；年份虚拟变量被纳入方程但结果未报告；

表中m_1和m_2显示误差项的一阶差分在一阶序列相关与二阶序列相关的统计值；

Sargan检验与Hansen检验用来检验工具变量是否外生，表中汇报的为p值。

表4—6报告了系统广义矩阵法（system-GMM）模型的估计结果。m_1 和 m_2 的结果显示，误差项的一阶差分在一阶序列相关（first-order serial correlation）是显著的，在二阶序列相关（second-order serial correlation）是不显著的，广义矩阵法的第一个条件得到满足。Hansen 检验的 p 值显示广义矩阵法的第二个条件也得到满足。方程 1 和方程 2 显示，虽然 Sargan/Hansen 没有出现令人满意的 $p = 1.000$，但是工具变量的个数并没有超过横断面单位个数。方程 3 和方程 4 显示，当我们控制了其他变量之后，虽然工具变量的个数超过了横断面单位个数，但是 Hansen 检验的 p 值等于 1.000。因此，系统广义矩阵法（system-GMM）的模型估计结果是可信的。

在系统广义矩阵法（system-GMM）的所有 4 个方程中，本文的核心变量——税收损失——都在 0.05 的水平上显著，并且符号为正，又一次验证了我们的假设。而且，在方程 4 中，这一变量的系数为 1.195，说明地方政府在财政体制改革中的税收损失多增加 1%，它从地方土地出让中获得的利益就要增加约 1.2%。

表4—6　系统广义矩阵法（system-GMM）模型的估计结果

因变量：土地出让金（ln）

	1	2	3	4
	One-way	Two-way	One-way	Two-way
税收损失（ln）	0.889＊＊＊	0.850＊＊＊	0.356＊＊	1.195＊＊
	(0.202)	(0.191)	(0.169)	(0.599)
人口（ln）			−0.233	−5.647
			(0.421)	(6.719)
GDP（ln）			1.040＊＊	0.376
			(0.472)	(0.751)
城市化水平（%）			−0.017	0.019

续表

	1	2	3	4
			(0.017)	(0.048)
工业化水平（%）			-0.027	0.05
			(0.020)	(0.059)
因变量的一阶滞后变量	0.177	0.181	0.219**	0.163
	(0.123)	(0.116)	(0.107)	(0.125)
常数项	-1.642	-1.105	2.685	85.728
	(4.005)	(3.609)	(4.092)	(107.081)
观测值	246	246	246	246
省份个数	31	31	31	31
m_1	-2.4	-1.97	-2.42	-1.7
m_2	-0.62	-0.57	-0.44	-0.56
Sargan test（p 值）	0.000	0.000	0.000	0.000
Hansen test（p 值）	0.616	0.616	1.000	1.000
工具变量个数	29	29	73	73

***$p<0.01$，**$p<0.05$，*$p<0.1$；括号内为稳健标准误；年份虚拟变量被纳入方程但结果未报告；

表中 m_1 和 m_2 显示误差项的一阶差分在一阶序列相关与二阶序列相关的统计值；

Sargan 检验与 Hansen 检验用来检验工具变量是否外生，表中汇报的为 p 值。

上述表4—3到表4—6所有模型的结果，都从不同的侧面验证了本书提出的假设：地方政府在财政体制改革中损失的越多，就越有动力在土地出让中获利。而且，这一结果在不同的估计模型中都是非常稳健的，说明本书提出的假设是一个非常具有解释力的说法。

第 五 章

土地指标

　　分税制改革以来，地方政府的财政和政绩越来越依靠经营土地和经营城市。土地，成为地方发展的核心要素，没有土地，发展无从谈起。"要地比登天还难，有钱能买到黄金，但买不到土地"[①]，但是在当前的土地制度下，地方政府普遍面临用地困境。这是因为中央政府与地方政府对土地征用、开发和出让的态度不同甚至有所冲突。与地方政府相比，中央政府除了考虑土地开发在推动经济增长方面的作用之外，还要考虑土地开发对耕地保护、粮食安全和社会稳定的负面影响。中央政府面对地方强劲的用地需求，一直采取严控的态度进行监管。在土地问题上，凸显了中央政府耕地保护、粮食安全、经济增长、社会稳定的综合目标与地方政府追求经济高速增长的单一目标的不一致性。但一味的严控，无疑会严重损害地方政府的发展积极性，进而反过来危及中央政府的权威，大量"灰色"甚至是非法用地的情况出现。针对用地问题，中央政府和地方政府之间展开了一系列的博弈，自中央层面来讲，单一的严控显然难以维持下去，政策松绑"开口子"成为必然，"严控与激励并行"

---

　　① 张丛：《土地增减挂钩应避免一哄而上》，http：//www.farmer.com.cn/xwpd/nbyl/shyl/201305/t20130528_847101.htm。

的中央—地方关系的特征,在土地问题上显得尤为明显。本章[1]即试图梳理中央出台的各项土地管理制度的政策脉络,围绕土地指标从占补平衡到增减挂钩,以此观察中央—地方关系在土地问题上的基本态势。

◇ 一 土地管理制度

我国实行严格的土地管理制度,政府垄断土地一级市场,随着近年来的土地财政愈演愈烈,农地的非农化走向地方政府的利益最大化。根据我国《土地管理法》第43条规定,任何单位和个人进行建设需要使用土地时,必须依法申请使用国有土地;但是兴办乡镇企业和村民建设住宅经依法批准使用本集体经济组织农民集体所有土地的,或者乡镇村公共设施和公益事业建设经依法批准使用农民集体所有土地的除外。这便意味着任何建设用地都必须首先转变为国有土地,再以国家的名义划拨或出让。据统计,自2000年以来,我国新增城市建设用地面积主要靠征地而来,土地一级市场,即土地使用权出让市场完全由国家垄断。农地转非,其土地增值收益大部分归为地方政府,逐步走向地方政府利益最大化。

---

[1] 第五、第六章部分思路与内容来自谭明智《严控与激励并存:土地增减挂钩的政策脉络及地方实施》,《中国社会科学》2014年第7期,内容作了补充修改。

表5—1　　全国2000—2011年征地面积占新增建设用地面积比重

（单位：平方公里、%）

年份	城市建设用地面积	新增城市建设用地面积	征地面积	征地面积占新增建设用地面积比重（%）
2000	22113.7	1236.7	447.49	36.18
2001	24192.7	2079	1813.11	87.21
2002	26832.6	2639.9	2881.31	109.14
2003	28971.9	2139.3	1606.4	75.09
2004	30781.3	1809.4	1613.34	89.16
2005	29636.8	-1145	1264.17	-110.5
2006	34166.7	4529.9	1397.16	30.84
2007	36351.7	2185	1216.61	55.68
2008	39140.46	2788.8	1345.27	48.24
2009	38726.9		1504.7	
2010	39758.4		1641.6	
2011	41860.6		1841.7	

资料来源：《中国城市建设统计年报》（2000—2012）；《中国统计年鉴》（2000—2012）；

注：2005年城市建设用地面积不包含北京市和上海市。

从中央—地方关系上来看，土地的最终垄断权向上集中在中央政府手中，自中央而至地方实行严格的层层下达的用地指标控制。中央政府通过土地利用总体规划和土地利用年度计划，对地方各级政府的建设用地总量实行控制。目前土地总规划按照效力等级和编制主体的行政级别的高低可以依次分为：全国土地利用总体规划，省、自治区、直辖市的土地利用总体规划，市级土地利用总体规划，县级土地利用总体规划和乡（镇）土地利用总体规划五个层次。下级土地总体规划应当依据上一级土地总体规划编制。地方各级编制的土地总体规划中的建设用地总量不得超过上一级土地总体规划确定的控制指标，耕地保有量不得低于上一级土地总体规划确定的控制指标。因此，地方竞争在很大程度上走向一种规划竞争。而土地利用年度计划，是指国家对计划年度内新增建设用地量、土地开发整理补充耕地量和耕地保有量的具体安排，土地年度计划指标包括：新增建设用地计划指标、土地开发整理计划指标、耕地保有量计划指标。国土资源部上报国务院确定每年度全国土地利用年度计划指标，再层层下达，分解给省、自治区、直辖市和县级国土资源部门。对于地方发展至关重要的新增建设用地计划指标，实行指令性管理，不得突破。对于耕地保护方面，中央政府实行农用地转用的严格监控，不得突破的是"基本农田保护率"，根据《土地管理法》第34条规定，各省、自治区、直辖市划定的基本农田应当占本行政区域内耕地的80%以上，规划城镇建设用地指标必须要落在基本农田保护区范围之外，这也大大限制了地方手脚的施展。

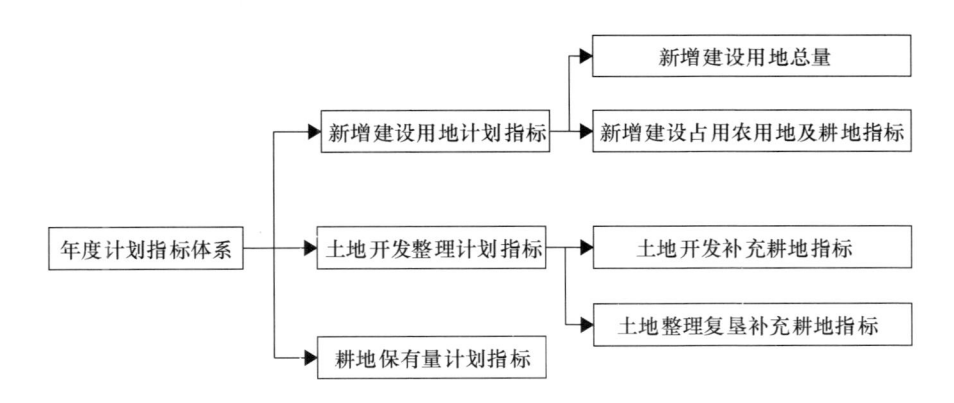

图 5—1　土地利用年度计划指标体系构成

在土地、财政、金融的循环链条中，土地作为必不可缺的核心要素，有土斯有财。然而，在高速工业化城镇化背景下的各地政府，尤其是在东部沿海地区，普遍面临着"无地可用"的尴尬境地。尤其是自2006年以来中央层面实行土地严管，每年下达的新增建设用地指标根本难以满足部分地方政府的发展需求，大量项目等待指标"落地"。从全国来看，根据国家信息中心的测算："2000年到2010年，我国城镇人口增加了2亿左右，城市建设用地面积增加11.76万亩。到2030年，我国基本上完成城镇化和工业化，城镇化率将达到70%，需要转移约3亿人口，仍需4000万亩土地[①]'农转非'。"这4000万亩的土地缺口从何而来，是中央政府和地方政府所必须面对的问题。问题的紧迫性还在于，自2008年以来地方政府在投资需求强劲、财政支出加大的情况下，更加重视和依赖融资。2010年6月，国务院开展地方政府融资平台清理，地方政府此前大量以财政信用担保融资的行为受到限制。在融资需求有增无减的情况下，市、县两级政府更加乐意利用土地进行融资，而金融机构也更倾向于土地作为抵押物的融资，作为土地财政升级版的土地金融在全国范围内大规模蔓延。对土地的紧迫需求，由单纯的项目建设"落地"的资源需求逐步升级为通过"卖地"获得财政收入的资产需求，以至为土地融资的资本需求。

在中央严控土地制度管理的背景下，新的建设用地的开源迫在眉睫。在这个意义上，对于地方政府而言，"土地指标"意味着自中央而下的"严控"与"激励"的并存。"严控"针对耕地保护而言，每年都要完成耕地保有量的计划指标，且不得突破基本农田保护率的限制；"激励"针对建设用地的使用而言，中央每年下达一定面积的新增建设用地计划指标，每一个项目的"落地"都需要有相应的建设用地指标相配套。而在现有的发展模式下，后者无疑对地方政府形成强大的约束力，因为没有土地就没有发展，而没有新增建设用地指标，

[①] 朱幼平：《城镇化用地缺口要在"挖潜"上想办法》，《中国经济时报》2012年12月5日A08版。

也就意味着没有"合法"的土地来源。围绕"土地指标",地方政府和中央政府之间展开了一系列的博弈。

◇ 二 占补平衡:消极严控的补地政策

自改革开放以来,我国工业化、城镇化推进速度越来越快,大量耕地农用地被占用是发展的必然要求。尤其是进入21世纪以来,各地土地财政带来大拆大建,形成规模不小的失地农民群体,频发的群体性事件成为危害社会稳定的重要因素。自中央层面来看,基于保障国家粮食安全以及维持改革以来确立的家庭联产承包责任制的基本经营组织方式的要求,实行严格的耕地保护制度,以占补平衡为代表的系列政策应运而生,18亿亩耕地红线作为一项政治任务贯穿而下,实行一把手问责制。

1986年3月,中共中央国务院发布的7号文《关于加强土地管理、制止乱占耕地的通知》中,明确提出"十分珍惜和合理利用每一寸土地,切实保护耕地"的基本国策,为耕地占补平衡制度的提出打下了基础。同年6月25日,《中华人民共和国土地管理法》经六届人大常委会审议通过,并于同日正式颁布实施。1997年4月,中共中央国务院发布11号文《关于进一步加强土地管理、切实保护耕地的通知》,并明确提出省(区市)必须保持耕地总量动态平衡的要求,同时确定了实行占用耕地与开发复垦挂钩的政策,首次明确提出"耕地占补平衡"的概念。同时指出,土地管理和耕地保护是事关全国大局和中华民族子孙后代的大问题,必须采取严格措施,认真贯彻"十分珍惜和合理利用每一寸土地,切实保护耕地"的基本国策,扭转在人口继续增加情况下耕地大量减少的失衡趋势。随后在1998年8月，《中华人民共和国土地管理法》再次修订，明确提出"实行占用耕地补偿制度"，要求占用耕地与开发复垦耕地相平衡。1999年1月1日，新修订的《土地管理法》正式实施，新的《土地管理法实施条例》《基本农田保护条例》与其同步实施。1999年2月4日，国土资源部下发了《关于切实做好耕地占补平衡工作的通知》要求要确保建设占地"占一补一"，逐步实现耕地占用的先补后占、占优补优、不补不占。自此，耕地占补平衡政策开始在全国各地大规模实施。简单来说，占补平衡就是建设占用多少耕地，就要补充多少数量和质量相当的耕地，以达到耕地面积不减少的目的。

但在2006年以前的占补平衡存在的最大问题在于：占补平衡考核采取的是"算大账"的方法，即按区域考核占补平衡。计算方法很简单：某区域内今年减少了多少耕地，需要多出来同样数量的新增耕地即可，而不是按照每个项目逐一计算的方式进行考核。这种方法存在明显漏洞，从表面上看区域内达到占补平衡，但是一算细账，很多建设用地项目并没有实现法律所规定的占补平衡。事实上造成的结果是：建设用地占用耕地项目单位的补充耕地与土地开发整理脱钩。同时，由于区域内的占补平衡考核仅仅关注于数量，一些建设项目占优补劣的现象比较突出。据统计数据显示，在2005年建设占用的耕地中，有灌溉设施的占67%，而补充耕地中有灌溉设施的仅占35%。因而，更严格、更精细的管理方式应运而生。自2005年起，国土资源部规定将耕地保有量和基本农田保护面积纳入省长考核指标，实行"行政首长负责制"。2006年6月8日，国土资源部第3次部务会议通过了《耕地占补平衡考核办法》，于当年8月1日起施行。本办法所称耕地占补平衡考核，是指县级以上国土资源管理部门按照"占多少，垦多少"的原则，对依法批准占用耕地的非农业建设用地补充耕地方案的落实情况进行检查核实。这是一种"崭新的考核机制"，所谓"崭新"包括两个方面：一是从按区域考核的"算大账"转向按建设用地项目考核的算细账；二是实行占用耕地的建设用地项目与补充耕地的土地开发整理项目挂钩制度，让补充耕地通过实施土地开发整理项目实现。两项变化中最为关键的一点是采取了单独项目考核制度，而不再采取大锅饭式的算大账。这一管理思路，为后来的增减挂钩所延续，即采用"封闭运行"的项目制运作模式，而正是这种项目制的运作方式反过来又对政策本身的落实产生影响，这在后面部分将详细展开讨论。

但工业化、城镇化为大势所趋，"保耕地红线"成为地方政府沉重的政治负担和资金负担。耕地占补平衡政策自出台以来，在各地具体实施过程中主要存在：耕地的实占"虚补"；补充耕地的"实优虚劣"以及农地非农化和非粮化的风险。耕地占补平衡制度实行以来，各地实际工作中建设占用耕地长期以"先占后补"和"边占边补"方式为主，加上对补充耕地的监督力度不够，导致建设占用耕地占而不补、占多补少的问题经常发生。国土资源部因此颁布《关于进一步加强土地整理复垦开发工作的通知》，规定从2009年开始，除国家重大工程可以暂缓外，非农占用耕地全面实行"先补后占"，即新增建设项目用地在审批之前，必须先将足额耕地资源储备进行补充，并确定由用地单位出资、国土部门实施耕地的开垦项目。这条规定出台之后，"先占后补"开始向"先补后占"转变，但实占"虚补"的情况并未从此绝迹[①]。根据全国土地利用变更调查数据显示，1996—2006年的十年间，全国耕地总量已从19.51亿亩锐减到18.27亿亩，共减

---

① 刘润秋：《耕地占补平衡模式运行异化风险及其防范》，《四川大学学报》2010年总第168期。

少了 1.24 亿亩，人均耕地占有量也仅有 1.3 亩，不到世界平均水平的 40%。而占补平衡得来的新增耕地由于地理位置常常超过失地农民的生产、生活半径，无法对新补充耕地进行承包经营，仍是"种地无田、就业无岗、创业无钱、低保无份"的"四无游民"，给社会稳定发展增加了风险系数[1]。从地方政府角度出发，其更多的是从如何提高土地生产效益的角度出发的，因此如果单纯地维持原有以粮食为主的种植结构难以达到提高效益的目的，转变生产结构成为必然的选择，农地非农化、非粮化在所难免。所谓粮食安全的担忧也并非地方所考虑的问题。在这一点上，中央与地方之间的矛盾凸显。正如陈锡文在一个访谈中提到的那样"我去那些产粮大省，它们对于被称作产粮大省这件事很不开心，因为它们其实也想要搞工业搞城市化，但有个产粮大省的帽子很多事情就不能做"[2]。

由于耕地的开垦整理需要一定的工程周期，因而由"先占后补"到"先补后占"的转变，开启了耕地占补平衡指标化的进程，各地纷纷建立占补平衡指标储备库。在有新项目需要占用耕地的时候，就从储备库中调出一部分指标进行使用。然而，各地农地整理开展多年，整理的难度越来越大，耕地后备资源逐年下降，适宜整理的农地越来越少，补充耕地的能力受到严重限制。尤其是在经济发达地区，想要在本区域内实现耕地占补平衡，困难非常大。因而，存在进行耕地占补平衡指标跨地域交易的现实需求。因此，占用耕地较多而耕地后备资源较少的经济发达地区，向占用耕地较少而耕地后备资源较多的经

---

[1] 张玉宝：《耕地占补平衡得失观》，《中国土地》2004 年 12 月刊。
[2] 陈锡文：《凤凰卫视〈问答神州〉专访中国农村工作领导小组办公室主任陈锡文》，2013 年 3 月 16 日，http://v.ifeng.com/documentary/figure/201303/c7dfa16f-7127-45fa-8221-b696f29dde3e.shtml。

济落后地区购买耕地占补平衡指标的现象，在各地非常普遍。然而，根据国土资源部的规定禁止跨省区市进行占补平衡，耕地占用单位最后只能在本省级行政区域内进行占补平衡，而对于经济发达地区的省份来讲，耕地后备资源是有限的，以山东省为例，目前山东省耕地后备资源仅165万亩，其中易开发的土地逐年减少，而每年新增建设用地占用耕地18万亩左右，照此发展速度，耕地占补平衡最多维持8—9年。未来完成法定耕地占补平衡任务艰巨，当地国土部门工作人员坦言："如果再这样继续下去，只能将耕地补充到'山上'去了。"同时，即使是在一省之内，随着各地对"未来的发展潜力和空间"的觉醒，后备资源充足的地区也不愿意出售指标，希望为本地区的发展保留后备资源，指标日益稀缺。山东省的东营、滨州两地的"黄三角"地区，有未利用土地792万亩，适合开发的土地482万亩。2011年2月后，东营市陆续与青岛、烟台等地达成指标买卖协议，出售2万亩指标，获利6亿元。但随着山东黄三角经济区上升为国家战略，这片未利用土地身价倍增。2012年，东营市的省内异地占补平衡指标交易戛然而止。

小　结

以上我们梳理了占补平衡的出台及其在实施过程中所存在的问题和困难，坦率地说，这些困难是政策本身在设计之初就存有的内在张力，对此有一线项目操作者指出："建设占用耕地是不可避免的，但由于耕地资源的有限性和经济发展连续性决定了传统意义上的占补平衡是无法得到长期保证的。"[①] 政策自施行之初，基调便是消极的中

[①] 李相一：《关于耕地占补平衡的探讨》，《中国土地科学》2003年2月28日刊。

央对地方土地使用进行严控的逻辑。而另一方面，在现有的发展模式下，地方政府经营土地的激励机制依然存在，占用耕地之趋势在所难免。在这个过程中，凸显了中央政府耕地保护、粮食安全、经济增长的综合目标与地方政府追求经济高速增长的单一目标的不一致性。同时地方补充耕地、完成耕地占补平衡的困难又在逐年增加，现有的以耕地占补平衡政策为核心的耕地保护体系以及土地利用指标监控体系面临严峻的挑战。

那么如何在既有的政策框架下，为地方发展寻求新的"合法的"土地来源，成为中央政府和地方政府所共同关心的问题。从政策制定者的角度来讲，基于当下中国农村人口和农业人口不断减少而农村建设用地却依然在增加的事实判断，农村集体建设用地的整理成为土地开源的重要渠道。农村集体建设用地的主体是农民的宅基地。城乡建设用地增减挂钩政策也正是基于此而出台实施。

◇ 三 土地置换与折抵指标：严控政策下的"开口子"

当然，我们所要核心讨论的增减挂钩政策并不是一种全新的政策设想，其出台过程也不是一蹴而就的，更不是中央国土部门凭空设想出来的，而是通过对地方的改革试验进行总结，加以提升并制度化为相关政策文件，并在全国更大范围内的试验和推广，这也是中国改革的一个重要特点。1999 年，国土资源部在总结各地土地开发整理经验的基础上，提出了两项重要政策：一是土地置换[①]政策，二是百分

[①] 1999 年，国土资发 358 号文《国土资源部关于土地开发整理工作有关问题的通知》。

之六十指标折抵①政策。这两项政策的出台，可以视作在我国严格的土地管理制度框架内，中央政府为地方政府迅速增加的用地需求而开的一道"口子"，也是城乡建设用地增减挂钩政策出台的前奏。

所谓"土地置换"政策指的是按照土地利用总体规划和村镇规划要求，促进农村居民点向中心村和集镇集中、乡镇企业向工业小区集中，选定新址建设需要占用其他耕地时，可以与腾出来的旧址整理后增加的耕地进行置换，实行这种方式置换的其建设用地不占用年度建设占用耕地计划指标。而在 2000 年国土资源部发布的 408 号文《国土资源部关于加强耕地保护促进经济发展若干政策措施的通知》中进一步明确了"建设用地指标置换政策"的实施内容，即"对将原有农村宅基地或村、乡（镇）集体建设用地复垦成耕地的，经省级国土资源管理部门复核认定后，可以向国家申请增加建设占用耕地指标。"政策目的在于通过推进农民居住向中心村和小城镇集中、工业向工业园区集中而使农村建设用地相对集中。所谓"百分之六十折抵"政策指的是 1999 年《土地管理法实施条例》第 18 条关于"土地整理新增耕地面积的百分之六十可以用作折抵建设占用耕地的补偿指标"的规定，即"实现耕地占补平衡的地区，可以通过土地整理新增耕地面积的百分之六十指标，向上级土地行政主管部门申请一定数量的预留建设占用耕地指标，用于本地区必需的非农建设"②。2000 年国土资源部发布的 408 号文中规定："积极推行农用地整理指标折抵政策，鼓励开展农用地土地整理。为鼓励开展农村集体农用的整理，对各地自筹资金进行农用地整理净增农用地中的耕地面积，经省级国土资源管理部门复核认定后，

---

① 1999 年，《土地管理法实施条例》第 18 条中第二款之规定。
② 1999 年，国土资发 358 号文《国土资源部关于土地开发整理工作有关问题的通知》。

可以向国家按照60%的比例申请增加建设占用耕地指标。通过折抵取得的建设占用耕地指标的安排也必须符合土地利用总体规划。"

　　无论是置换指标还是折抵指标，其最大的特征在于：指标的使用并不占用当年的年度建设用地指标，因而受到各地方政府的欢迎，浙江、山东①、安徽②等省相继出台相关政策，但明显的，各地对中央政策的解读和应用的能力不尽相同。早在1999年的中央政策出台之前，浙江省已经就土地整理折抵建设用地指标的做法进行了深入探索。1998年6月，浙江省政府颁布《关于鼓励开展农村土地整理有关问题的通知》，旨在通过这一政策实行土地整理的资本化运作，解决县市政府缺乏土地整理激励的问题③。浙江省规定土地整理新增有效耕地的72%可以折抵建设用地指标，具体做法是：在规划准备实施的土地整理项目，"按预期可以增加的有效耕地面积的30%预先配给启动用地指标，主要用于农村土地整理中必须兴建的交通道路、公共设施及需要迁建建筑物必须占用的耕地"。这先期折抵的30%建设用地指标，按照每亩2万元指标费通过土地出让收取，用于土地整理的启动资金。整个项目在验收之后，剩余70%新增耕地的60%，也即整个项目新增耕地的42%再折抵建设用地指标，因而总的整理项目共有新增有效耕地72%的折抵指标。这样的制度设计④，一方面满足了

---

　　① 2003年，《山东省国土资源厅关于实行建设用地指标置换和农用地整理指标折抵的意见》。
　　② 2006年，《安徽省土地整理新增耕地折抵建设用地指标实施细则》。
　　③ 汪晖、陶然：《论土地发展权转移与交易的"浙江模式"：制度起源、操作模式及其重要含义》，《管理世界》2009年第8期。
　　④ 1999年3月24日，浙江省政府发布《浙江省人民政府办公厅转发省土地管理局关于依法加强当前建设用地管理工作意见的通知》（浙政办发［1999］30号）规定1999年以后的指标折抵项目按照《中华人民共和国土地管理法实施条例》的有关规定执行。

用地需求高地区的建设用地需求，另一方面为土地整理筹集到了启动资金，解决了土地整理的资金困难，可谓一举两得。以浙江省为例，折抵指标的制度出台掀起了一场不小的运动式的土地整理。当然，基层地方政府的解读往往集中于"弥补经济建设用地指标不足"这一环。以苍南县为例，该县龙港镇1999年在开展土地整理建设现代农业园区过程中，新增耕地2000多亩，获取折抵指标1400亩，除了部分用于农村土地整理的基础设施建设、农民住宅建设外，大部分用于城镇建设用地[1]。再以绍兴县为例，该县在2002年前后每年用地需求量都在4000亩左右，但上级国土部门下达的用地指标不足1000亩，用地缺口极大；自1998年6月以来作为浙江省的试点开展土地整理指标折抵项目，先后对20个镇872个村开展土地整理，新增有效耕地1.5万多亩[2]，获得折抵指标上万亩，极大地解决了绍兴县发展过程中用地紧张的矛盾。在满足用地需求的同时，还为未来城镇化建设储备了2200余亩用地折抵指标。

同时，与前文所讨论的占补平衡指标的跨区域交易机制相似，土地折抵指标也涉及了指标的跨区域交易，这也是土地资源指标化的必然结果——走向市场化配置，基本走向是发达地区向欠发达地区购买土地指标。以浙江省为例，为破解建设用地供给与需求的区域不平衡性，该省自2000年开始允许折抵指标（含复垦指标）跨区域有偿调剂。因而，发达地区向欠发达地区大量购买折抵指标，以维持本地区的发展，且规模越来越大。据统计，截至2004年底，浙江全省通过

---

[1] 黄孝维：《对苍南县农村土地整理的调查与思考，苍南县国土资源局报告》，《"土地整理与城市化"会议研究文集》，2003年。

[2] 李华、杨伟卿、蒋国强：《利国利民利集体的大实事：浙江省绍兴县土地整理工作的报告》，《中国土地》2002年4月刊。

土地整理新增耕地达182.07万亩,核拨土地整理折抵指标131.08万亩,使用折抵指标批准的耕地104.26万亩,占全部批准建设占用耕地179.27万亩的58%[①]。指标的市场化带来了一个非常微妙的变化,即原有的土地置换和指标折抵在某种程度上仍然是以推进土地整理为主导的,而随着指标市场的逐渐壮大,经济发达地区的强劲用地需求开始逐步成为政策的核心考虑要素。欠发达地区进行土地整理的原动力也不再是单纯为了土地整理而进行土地整理,或者是为了增加行政区的建设用地指标,而是为了指标出售的利益。以经济欠发达的缙云县为例,光在2006年一年,全县一次性推出土地整理项目21个[②],投入资金1.2亿元,完成验收12个,新增耕地9866亩,获取折抵指标7103亩,先后向宁波、温州、绍兴、椒江、慈溪、路桥等地有偿调剂折抵指标5900亩,获得资金2.81亿元[③],所获资金基本上与2006年缙云县地方财政收入的2.85亿元持平。某种程度上,在经济不发达地区,指标在出售价值上的意义部分高于其作为指标本身落地的意义[④]。而对于经济发达地区,相较于建设用地指标的落地效应,购买指标的价格则显得微不足道。这种变化在增减挂钩政策出台以后体现得更为明显。坦率地说,无论基于土地整理也好,还是指标市场化交易也好,其在资金筹备等环节的思路与土地财政的思路是一致

---

① 王松林:《加大土地整理开发力度为我省经济社会可持续发展作出新贡献》,《浙江国土资源》2005年第10期;汪晖、陶然:《论土地发展权转移与交易的"浙江模式":制度起源、操作模式及其重要含义》,《管理世界》2009年第8期。

② 陈永富:《土地整理:缙云县的做法与成效,缙云县发展和改革局报告》,《浙江经济》2007年第12期。

③ 根据缙云县发展和改革局的报告称,截至2007年该县还有库存折抵指标3600亩,市场价值达2亿元。

④ 乡镇政府还可以通过土地整理得到较为客观的管理经费和奖励资金。

的，即通过出售土地（或土地指标）获得收益从而支撑本地区的城市基础设施（或农村基础设施）的建设需求，这与整个大的以地谋发展的时代背景相通。

当然，关于所谓"浙江模式"的质疑和批评[1]不断，其批评和质疑主要集中在以下两点：一是规避中央政府基本农田审批权和新增建设用地土地有偿使用费，导致建设用地总量失控；二是相对于被占用的耕地而言，土地整理新增耕地的质量较差。其核心要害在于第一条，因为对于第二条来说，自占补平衡等耕地保护政策出台以来一直面临着占优补劣的问题，而这也是在工业化城镇化推进过程中所不可避免的现象。而对于第一条，其直接关涉中央政府与地方政府在土地管理问题上的根本问题，处理不当，会造成严重后果。尤其是对于中央政府而言，如何将地方政府改革试验的空间限定在一定范围内，是不得不审慎考虑的。2007年12月30日国务院办公厅发布了一则措辞极为严厉的通知《国务院办公厅关于严格执行有关农村集体建设用地法律和政策的通知》（国办发［2007］71号），认为当前"一些地方仍存在违反农村集体建设用地管理的法律和政策规定，将农用地转为建设用地，非法批准建设用地等问题"。同时，判断此一现象"有蔓延上升之势"，极为少见地点明"任何涉及土地管理制度的试验和探索，都不能违反国家的土地用途管制制度"。《通知》批评了一些地方借农民集体所有建设用地使用权流转、土地整理折抵和城乡建设用地增减挂钩等名义，擅自扩大建设用地的规模，强调要严禁"以各种名义，擅自扩大农村集体建设用地规模以及通过村改居等方式，非法将农民集体所有土地转为国有土地"。针对指标折抵的问

---

[1] 汪晖、陶然：《论土地发展权转移与交易的"浙江模式"：制度起源、操作模式及其重要含义》，《管理世界》2009年第8期。

题，71号文强调要"依照《中华人民共和国土地管理法实施条例》，土地整理新增耕地面积只能折抵用于建设占用耕地的补偿，不得折抵为建设用地指标，扩大建设用地规模"。这也就彻底地否定了所谓"浙江模式"的基本做法，此后浙江以及其他省份的土地整理新增耕地折抵指标的做法也被叫停。

小　结

总的来看，中央出台土地置换和折抵政策的出发点在于激励地方政府进行土地整理。因为自1994年分税制改革以来，地方财力有限，并不愿意从事成本高的土地整理，因而中央政府以城镇建设用地指标来对地方政府进行激励。在这个意义上也可以认为是为地方强劲的用地需求开了一个"口子"。毋庸置疑，中央与地方的角力，一直存在并将继续存在下去。从历年出台的政策，我们也可以清楚地看到中央政府政策的倾斜[1]过程，随着农用地后备资源的日益紧缺，以及各地"毁林造田"带来严重的负面生态后果，其政策的重点从农用地整理逐步转向建设用地的整理[2]，从而走向后来的城乡建设用地增减挂钩政策[3]。

---

[1] 董炎兵：《对我国农村土地整理中指标折抵政策的探讨》，《建设社会主义新农村土地问题研究》2006年11月会议论文。

[2] 2005年3月22日，国土资源部在一份回复浙江省的函中强调："要将折抵政策实施的重点由农用地整理转向建设用地整理，减缓对农用地后备资源的消耗，促进建设用地的结构调整和集约利用。"（国土资规函［2005］010号《关于浙江省开发区（园区）审核中涉及待置换用地等问题的函》）

[3] 在这个意义上，很多政策可能在叫法上有所不同，但其在政策设计的本质上是相同的。这在分析中难免会造成一定的混乱，但这恰恰说明了政策的延续性特征。

四 增减挂钩：指标激励的找地政策

相较于土地整理折抵指标的"开口子"政策，除了在"折抵比例①"上的不同以外，增减挂钩政策的最大区别在于其面向的农村集体建设用地，而主体便是农民的宅基地。其在政策导向上也更加直白，不再以鼓励农村进行土地整理增加耕地为由，而是直接对准城市新增建设用地指标。而相较于耕地占补平衡的消极管制政策，增减挂钩政策的最大区别在于其政策本身带有强烈的"指标激励"机制，在政策导向上是更加积极的且富有扩张性的。

所谓"增减挂钩"，按照 2004 年 10 月 21 日国务院下发的《关于深化改革严格土地管理的决定》②，即"鼓励农村建设用地整理③，城镇建设用地增加要与农村建设用地减少相挂钩"。2005 年 10 月，为落实国发〔2004〕28 号文的精神，国土资源部印发《关于规范城镇

---

① 正如后文所将要分析的，土地指标折抵政策的比例是 60%，浙江省为 72%，而增减挂钩政策如果按照折抵比例来计算的话则是 100%。

② 2004 年 10 月 21 日，国发 28 号文《关于深化改革严格土地管理的决定》。

③ 其实在土地整理意义上的"迁村腾地"早已存在，1998 年湖北省据中共中央、国务院中发（1997）11 号文件关于要"积极推进土地整理，搞好土地建设"的要求，发布《湖北省人民政府关于开展农村土地整理工作的通知》，强调要实行"迁村腾地""根据村镇发展规划、集体和农民的经济条件，在群众自愿的原则下，可以采取'规模搬迁、小村集并、缩村填空、滚动搬迁'等多种形式，有计划地组织实施。迁村腾地工作必须与集镇建设相结合，与建设社会主义文明新村相结合，有的地方还要同扶贫攻坚的异地搬迁开发相结合。但应注意从实际出发，不搞强迫命令。通过迁村腾地，真正做到节约用地、改善环境，使物质文明同精神文明协调发展。"只是没有如同增减挂钩政策这样，将农村建设用地减少与城市建设用地增加之间如此直接地相挂钩。而后者在以地谋发展的发展模式下，对地方政府产生了极强的激励效果。

建设用地增加与农村建设用地减少相挂钩试点工作的意见》的通知（国土资发〔2005〕207号），计划选择的天津、浙江、江苏、安徽、山东、湖北、广东、四川8个省（市）作为试点省份，开展增减挂钩试点。2006年1月12日，国家发展改革委办公厅和国土资源部办公厅联合下发了《关于在全国部分发展改革试点小城镇开展规范城镇建设用地增加与农村建设用地减少相挂钩试点工作的通知》（发改办规划〔2006〕60号）。《通知》要求，发展改革试点小城镇要按照国土资发〔2005〕207号文的要求，在当地发展改革部门和国土资源部门的指导下，开展相挂钩试点。2006年，国土资源部按照项目区分批申报、试点工作小规模滚动推进的原则，增减挂钩政策进入试点探索阶段，在天津等五个省市①进行相挂钩试点，设立挂钩项目183个，周转指标7.38万亩。2007年4月，在成都组织召开了挂钩试点工作座谈会，全面总结和分析了试点工作的经验和问题，并对下一步工作提出了要求。2007年7月13日，国土资源部发布《关于进一步规范城乡建设用地增减挂钩试点工作的通知》（国土资发〔2007〕169号），计划实施试点工作的地区增加了内蒙古和河南两地，共计十个省（区），并对强化试点工作的规划引导、严格项目区整体审批、加强周转指标监管、维护农民权益等都进行了明确规定。

2008年6月27日，国土资源部印发《城乡建设用地增减挂钩试点管理办法》②，明确提出了"增减挂钩"的政策意涵以及项目具体实施的要点。项目的具体运作机制，指的是："依据土地利用总体规

---

① 2006年4月14日，国土资函269号文《关于天津等五省（市）城镇建设用地增加与农村建设用地减少相挂钩第一批试点的批复》。

② 2008年6月27日，国土资发138号文《城乡建设用地增减挂钩试点管理办法》。

划,将若干拟整理复垦为耕地的农村建设用地地块(即拆旧地块)和拟用于城镇建设的地块(即建新地块)等面积共同组成建新拆旧项目区(以下简称项目区),通过建新拆旧和土地整理复垦等措施,在保证项目区内各类土地面积平衡的基础上,最终实现增加耕地有效面积,提高耕地质量,节约集约利用建设用地,城乡用地布局更合理的目标。"其实仔细比较增减挂钩政策与之前我们所分析的建设用地指标置换政策其在表述上和本质上相类似,而这也反映了中国改革中政策制定的延续性和探索性。同时138号文批复下达了第二批试点项目(共10246公顷,合15.368万亩),项目区以项目区备选方式下达。2009年3月5日,《国土资源部关于2009年第一批城乡建设用地增减相挂钩周转指标的批复》(国土资函〔2009〕299号),对河北、内蒙古、辽宁、吉林、黑龙江、福建、江西、河南、湖南、广东、广西、云南、宁夏13省(区),批复下达周转指标15.275万亩(合10183.3公顷)。2013年10月23日下午,国土资源部部长、党组书记、国家土地总督察姜大明主持召开第15次部长办公会,审议并原则通过2013年城乡建设用地增减挂钩指标分解下达方案,共批准29个省份开展增减挂钩试点,全国共安排城乡建设用地增减挂钩指标90万亩。

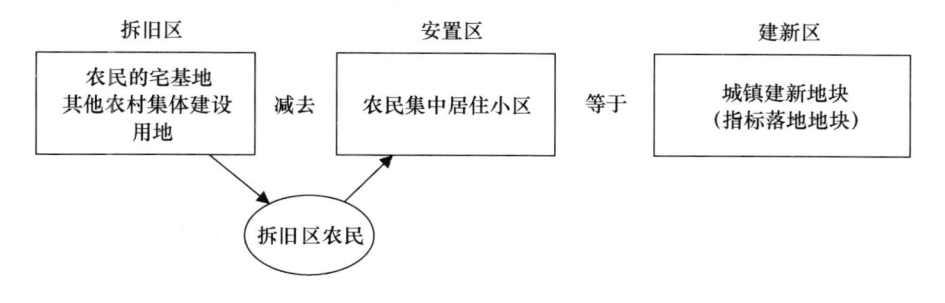

图5—2 城乡建设用地增减挂钩政策示意图

增减挂钩政策的制度逻辑。简单来说，增减挂钩政策的核心在于：指标的平衡。即在严格的项目分配和审批制度下，农村集体建设用地拆旧多少，城镇建设用地便可以建新多少。①在拆旧区的多个地块（即原有的农民居住区），拆除农民宅基地进行复垦，得到一定面积的复垦耕地；②在项目区选定某地块进行农民集中居住小区建设，多为楼房；③按照增减挂钩政策的设计逻辑便节余出一定的挂钩周转指标（即复垦得到的耕地面积减去建设农民集中居住小区所占用的面积），这一周转指标可以在项目区中相对应的城镇建新地块[①]中使用。指标计算公式：增减挂钩周转指标＝拆旧区总面积－农民集中居住小区占地面积＝项目区中建新地块可占地面积。所谓"周转指标"其在实质上是一种指标"预借"或"透支"制度。按照增减挂钩的政策要求，拆旧和建新是可以同时进行的。拆旧复垦是一项非常庞大的工程，短期内难以完成，因此不需要拆旧区完成耕地复垦工作之后，建新区才能够进行城镇开发建设。也正是在这个意义上才有了指标"周转"的概念，一般要求，指标三年归还。

归结来看，增减挂钩政策的设计逻辑要点为：①我国目前农村集体建设用地使用存在严重的浪费问题，没有做到土地的集约节约有效利用，因而存在很大的"挖潜"空间；②对农村集体建设用地进行拆旧复垦，得到一定规模的耕地，农民在项目内得以获得一套新的住房得到妥善安置之后。按照"反向"占补平衡[②]的逻辑，城市得以占用相同数量的建设用地进行城镇化发展。这样，既保证了推进城镇化的

---

① 在这里需要指出的是，建新地块所占地块如果是非国有建设用地，依然要执行征地相关程序，增减挂钩政策解决的只是指标准入的问题，而不涉及指标落地的问题。

② 所谓"反向"是针对占补平衡原则而言的，占补平衡的逻辑是：占多少，补多少，而"反向"则意味着：补充了多少耕地，便可以占用多少耕地。

用地需求，又能够改善农民的居住条件，完成新农村建设的任务，实现了城市对农村的反哺。同时没有使得耕地减少，没有触碰18亿亩耕地红线。③增减挂钩政策按照封闭运行的项目制进行，拆旧区与建新区一一对应。同时按照地方规划设计进行，因而能够有效防止大拆大建等无序行为。④增减挂钩政策实行严格的项目审批制度，审批权牢牢掌握在中央一级政府，挂钩试点工作必须经国土资源部批准，未经批准不得自行开展试点工作。每年审批的"项目指标"规模有限。因而中央依然保有对地方在土地问题上的权威。

增减挂钩政策的内在导向：预算外的指标激励。增减挂钩政策在何种意义上对地方政府起到了激励的作用，地方政府为什么会有如此大之积极性来进行这样一场耗时耗力的运动。增减挂钩的根本意义在于：开辟了一个独立于每年新增建设用地指标严控体系以外的指标来源，为城镇发展提供"不占指标"的"计划外"土地资源，且规模逐年增加（如图5—3所示）。以山东省肥城市为例，2012年实际获得审批建设用地2500亩，但下达该市的新增建设用地指标仅为450亩，所缺2050亩用地指标获得渠道主要分为两类：一个国家级和省级项目，使用国家或省的建设用地指标；另一个是利用城乡建设用地增减挂钩项目获得1500亩用地指标，占60%。在土地、金融、财政三位一体的发展模式之下，这一预算外的指标对地方政府构成了强烈的激励。在某种程度上，这也是在高度中央集权下用地指标的释放。对于地方政府而言，在增减挂钩的项目设计下，保持现有耕地面积不变的政治任务早已变得不那么困难，甚至反过来成为一种进行土地综合整治的强劲动力。

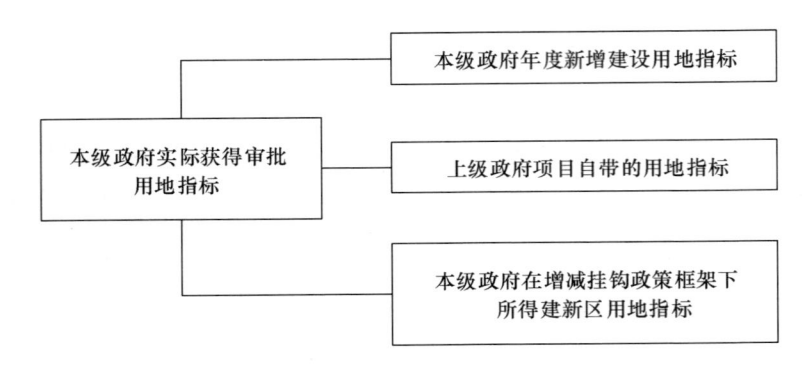

图5—3 地方政府建设用地指标来源体系

从既有的宣传路径上，我们可以看到"增加耕地"因其在政治上的正确性而不断作为一项"政绩"加以宣传，在现有官僚体系下，此种做法实则"官"之常情。以下是《中国国土资源报》2012年11月23日的一则消息，可以代表上述宣传模式的典型："日前，安徽省阜南县国土资源局抓住有利时机，利用晴好天气，对涉及中岗、新村、会龙、田集等13个乡镇共40个城乡建设用地增减挂钩试点项目区拆旧地块复垦项目，加快施工进度。目前绝大多数项目进展顺利，按照项目设计要求，所有项目竣工后，可新增耕地面积143公顷。"[1]那么，增减挂钩与耕地保护之间在何种意义上构成对应关系？首先，从增减挂钩项目的制度设计上来看，其初衷并非以增加耕地为目标，且拆旧区和建新区之间采取封闭项目运行的方式，最终在拆旧区复垦出的耕地为的是在建新区有建设用地的周转指标。因此，从拆旧区单方面来看，是增加了耕地面积，但在整个项目的制度层面上并不能主动增加耕地。同时，城镇建新区如果占用农用地，其在

---

[1] 《阜南增减挂钩项目将增地143公顷》，http://www.mlr.gov.cn/xwdt/dfdt/201211/t20121122_1159040.htm。

进行征地等行为时本身便要进行耕地占补平衡工作。在这个意义上，增减挂钩同时完成了占补平衡的任务。其次，从实施增减挂钩项目的地方政府来看，尤其是拆旧区的地方政府，其所要消耗的成本与其所得收益相比是非常高的，要么将指标出售，要么留在本地区使用，而不会任其以"增加的耕地"的形式留存。表5—2是四川省成都市大邑县的雾山乡的一个增减挂钩项目的数据统计，拆旧区增加耕地面积547.86亩，建设农民集中居住小区占用农业用地指标23.66亩，城镇建新区占用当地农地523.20亩，增加有效耕地面积仅为0.9亩。其他增减挂钩项目包装[①]大多同于此例，一般指标和

表5—2　四川省成都市大邑县雾山乡某增减挂钩项目指标平衡表

	涉及地块	涉地面积	指标节余/使用	耕地增减	
拆旧区	雾山乡虾口村和两河口社区	农村集体建设用地 547.86亩	节余挂钩周转指标547.86亩	增加 547.86亩	共增加 0.9亩
建新区	城镇建新区	青霞镇龙凤社区	540.37亩	农业用地 523.20亩	使用挂钩周转指标523.20亩	减少 523.30亩	共减少 546.96亩	
				建设用地 17.17亩				
	农民集中居住区	雾山乡大坪村	占用农业用地 23.66亩	使用挂钩周转指标23.66亩	减少 23.66亩		

资金能够完美的平衡使用是一个项目包装的首要原则[②]。由此，我们

---

① 当然，此处所引案例只是最初级意义上的挂钩项目，随着挂钩项目的推进，各种更为复杂的项目包装纷纷出现。但究其制度本质而言，没有变化。

② 此一说法在对天津一位进行土地增减挂钩项目包装的某咨询公司项目主管的访谈中得到进一步的证实。

可以清晰地看出，增减挂钩制度在制度精神以及政策后果上均不会造成耕地增加，充其量"不减少"，当然，在现有的政治框架下，这也是莫大的"政绩"了。虽然关于"保耕地数量"在多大程度上维护了我国的粮食安全以及对农业现代化的推动系数究竟有多大，仍存在很大争议①。当然，此处并不打算就此问题过多讨论。

　　通过增减挂钩的指标计算公式，我们可以明确，对于地方政府而言，其所急需的是等式的最右端：挂钩建新区可占地面积。而等式的左端则意味着：在上级下达到各地的拆旧规模一定的情况下，地方政府为使"挂钩"城镇建设留用指标最大化，只能在农民住房安置用地指标上做足文章使其最小化，以至于出现片面追求挂钩指标的现象。一方面，通过安排农民上楼，增加容积率，来减少安置用地指标；另一方面，无视土地利用总体规划及相关专项规划，专挑户均占地面积大的村庄和工矿用地搞"挂钩"；更有个别地方甚至突破上级下达的"挂钩"规模，进行无指标"挂钩"②，以达到获取拓展城镇建设空间所需用地指标的目的。因而，很多地方政府对于什么样的农户可以参与到增减挂钩项目当中来，设有一个"及格分数线"③，即可节余出的建设用地指标存有一个下限。这便是政策在执行过程中的一种异化。总的来看，地方政府具有强烈的突破现有各类土地严控政策的冲动，包括本身即为"开口子"的增减挂钩。

---

　　① 参见农业部部长韩长赋关于"占补平衡损失大量粮食产能"的论述，亦可从此窥探农口与国土部门的立场和利益纷争。
　　② 胡传景：《对规范城乡建设用地增减挂钩试点工作的几点思考》，《国土资源》2011年第7期。
　　③ 对此问题，本书后面将详细讨论。

小　结

增减挂钩，意在临时应急解决地方用地紧缺的"项目型"政策，对地方政府形成了强烈的指标激励机制，在具体实施过程中，存在逐渐成为地方建设用地主要来源的趋势，伴随而来的有以下几个方面的风险：一是中央政府对地方监管失控的风险。即地方政府在三位一体发展模式的指标激励下走向大规模的项目外运作，囿于当下中央与地方关系的形势，中央对地方的监管愈发难以奏效。在 2011 年对全国增减挂钩实施全面清查之前，以河北省为例，国土资源部仅批给该省增减挂钩指标 1.2 万亩，但该省却计划在 3 年内完成 7500 个村庄的改造，额外获得 50 多万亩建设用地指标。而安徽与内蒙古，甚至绕开国土资源部的增减挂钩试点，自行出台了一套建设用地置换暂行办法。一方面，中央对这些"违规行为"要进行重点查处，但另一方面中央欲维持地方发展的积极性及活力，又不得不逐年扩大试点的范围和规模。因而，从这个意义上讲，增减挂钩的地方试验具有强烈的利益固化的特点。二是大量社会资本涉入的风险。增减挂钩以项目制的模式向下推进，项目制本质上是一种新的资源再分配的机制，其中最为关键的一点便是中央资金以项目形式向下转移，各级地方政府必须要有相应的配套资金和政策支持，否则难以获得项目。而筹集配套资金对于地方政府来讲，并非易事。同时，地方政府的卖地财政逐步难以为继，反哺农村以及进行新农村建设面临庞大的资金压力，地方政府难以再拿出大量的资金投入三农领域，社会资本的引入成为必然。而资本是理性的、逐利的，那么大量资本的涉入对地方治理生态会产生怎样的影响，犹未可知。三是大规模的农民上楼运动的社会风险和地方治理风险。失去宅基地的农民，住进楼房，生活成本大大增加。难以维持过去的小农精打细算式的生活。一旦就业面临困难，难免会产生一定的社会稳定问题。同时原有的村落共同体的地方自治能力减弱，多村混居、"人户分离"带来了极强的离心力，也造成了基层社会管理压力增加。村民和基层社会对地方政府的依赖性加强，存在一种由"悬浮型政权"向"保姆型政府"转变的趋势[1]。政府负担迅速增加，面临严峻的地方治理风险。而地方政府在此方面还缺乏足够的经验。

◇ 五 纳入计划管理与清理检查：中央"口子"的收紧

从政策导向的视角来看，"增减挂钩"对地方政府形成进行土地整治的强激励机制。自中央—地方关系来看，地方政府对于中央政府颁布的政策所进行的解读也是政策设计之初所应考虑的重要部分，甚至是政策本身的重要组成。以增减挂钩为例，存在着擅自扩大项目试点范围的冲动，更为重要的是为地方政府提供了"由头"，一些并不在试点范围内的所谓增减挂钩项目区，也往往是在统筹城乡发展和建设新农村的名义下进行的。对此现象，陈锡文批评道："不少地方把拆并村庄后节约的农村建设用地基本都置换到城市使用，这不仅擅自扩大了城镇建设总规模，而且利用城乡建设用地的价差还可以获取巨

---

[1] 赵玉金：《成都市青白江区农村改革的政策逻辑和意外后果》，北京大学社会学系硕士学位论文，2011 年；清华大学课题组：《成都市青白江区农民上楼调查报告》，2011 年，未刊稿。

额土地收益。正是由于增减挂钩能有此好处，于是它就在不少地方迅速蔓延，导致了史无前例的拆村造城运动。"[1] 对此，2007年12月30日国务院办公厅发布的《国务院办公厅关于严格执行有关农村集体建设用地法律和政策的通知》（国办发［2007］71号）中，针对增减挂钩强调："城乡建设用地增减挂钩试点，必须严格控制在国家已经批准的试点范围内。试点必须符合土地利用总体规划、城市规划和乡镇、村规划，必须确保城乡建设用地总量不增加，农用地和耕地面积不减少。不得以试点为名违背农民意愿大拆大建、强制搬迁，侵害农民权益。"

2008年10月12日，中国共产党第十七届中央委员会第三次全体会议通过《中共中央关于推进农村改革发展若干重大问题的决定》强调："农村宅基地和村庄整理所节约的土地，首先要复垦为耕地，调剂为建设用地的必须符合土地利用规划、纳入年度建设用地计划，并优先满足集体建设用地。"2009年2月10日，《国土资源部关于下达〈2009年全国土地利用计划（草案）〉的通知》（国土资发［2009］9号）要求，"要将所有涉及用途转变的用地，如城乡建设用地增减挂钩、农村建设、未利用地开发、围海造地等，纳入年度计划统一管理"。

2011年2月16日，为了贯彻落实《国务院关于严格规范城乡建设用地增减挂钩试点切实做好农村土地整治工作的通知》（国发［2010］47号）精神，国土资源部会同中农办、发展改革委、财政部、环境保护部、农业部、住房城乡建设部、国研部，发布《城乡建设用地增减挂钩试点和农村土地整治清理检查工作方案》。要求"全

---

[1] 陈锡文：《农村改革三大问题》，《中国改革》2010年第10期。

面清理检查2006年以来各地开展增减挂钩试点和农村土地整治工作，以及以各种名义擅自开展建设用地置换等情况，对存在的问题全面梳理，按照增减挂钩试点要求，严肃纠正规范；认真总结相关工作经验，完善规章制度，加强监督管理；深入研究体制机制等深层次问题，提出解决问题的措施，推进改革创新。同时，加强信息化建设，强化国土资源全国'一张图'动态监管，确保增减挂钩试点和农村土地整治工作规范、健康、有序开展。"2011年6月19日，国土资源部制定了《城乡建设用地增减挂钩试点和农村土地整治有关问题的处理意见》，对擅自扩大增减挂钩规模和试点项目突破挂钩周转指标规模的、管理不规范的、拆旧复垦还耕不及时等问题提出了具体的处理办法。同时，对农村土地整治存在问题的处理具体提出："对在农村土地整治中涉及农村建设用地整治、置换，并将节约的建设用地指标调剂到城镇使用的，要在2011年8月底前整改到位，整改后按建新拆旧项目区进行规范管理的，报国土资源部审定并上图入库后，按照突破周转指标规模的挂钩试点项目的办法处理，相应抵扣年度增减挂钩周转指标；不按建新拆旧项目区进行规范管理的，涉及用地的置换批准文件一律停止执行，节约的建设用地指标不得继续使用，并按用地量相应扣减年度新增建设用地计划指标。"2011年11月26日，国土资源部发布《国土资源部关于严格规范城乡建设用地增减挂钩试点工作的通知》（国土资发［2011］224号），一方面强调要充分认识增减挂钩试点工作的重要性，"各地必须高度重视，积极宣传，正确引导，努力创造保障和促进开展增减挂钩试点的良好社会氛围"；另一方面还要求各地严格规范城乡建设用地增减挂钩试点，坚持项目管理、封闭运行，"凡集体组织和农民不同意的，不得强行开展。严禁强拆强建、强迫农民住高楼"。同时，禁跨县设挂钩项目区。2011年系列文件的颁布意味着：自 2004 年以来的"增减挂钩"政策进入清理检查阶段。但称之为"阶段"并不准确，因为虽然挂钩项目的审批一度十分困难，但其所释放的政策能量却难以通过一份文件上收中央。

  2013 年中央一号文件措辞严厉地强调：要"改革和完善农村宅基地制度，加强管理，依法保障农户宅基地使用权。依法推进农村土地综合整治，严格规范城乡建设用地增减挂钩试点和集体经营性建设用地流转。农村集体非经营性建设用地不得进入市场"。严禁农村集体非经营性建设用地进入市场的规定，意味着一方面延续 2008 年十七届三中全会的"逐步建立城乡统一的建设用地市场，对依法取得的农村集体经营性建设用地，必须通过统一有形的土地市场，以公开规范的方式转让土地使用权，在符合规划的前提下与国有土地享有平等权益"，中央为农村集体经营性建设用地进入市场进一步放大了口子；另一方面对于其他农村土地的市场化，中央仍咬死不放。对于增减挂钩，依然维持了"严格规范"的论调。

第六章

地方实践

增减挂钩政策的设计逻辑中非常重要的一点便是：项目封闭运行，即拆旧区和建新区严格地一一对应，拆旧区节省的建设用地指标只能用于项目包装内的建新区使用，而且禁止跨区县建立项目区。2007年6月7日，重庆市和成都市被国务院批准为"全国统筹城乡综合配套改革试验区"，获得了更大的政策探索空间。针对指标的市场化交易，成渝两地进行了大量的地方性探索，将周转指标高度抽象化市场化。所谓"指标漂移"，即通过农民上楼土地复垦而得来的建设用地指标，可以在一定范围内的土地产权交易平台上进行交易，拆旧区和建新区不再需要一一对应，两者之间构建了一个产权交易平台，拆旧区整理出的指标放在交易所出售，而购买者则需要到交易所购买指标。当地官员形象地称此种"指标漂移"为"飞地"。这一具有突破性的改革试验，被周其仁等人视为典型的"还权赋能"[1]，是一种"通过改革土地制度让农村和农民分享了一部分城市化带来的土地收益的上涨"的制度改革。

---

[1] 周其仁、北京大学国家发展研究综合课题组：《还权赋能：奠定长期发展的可靠基础》，北京大学出版社2010年版。

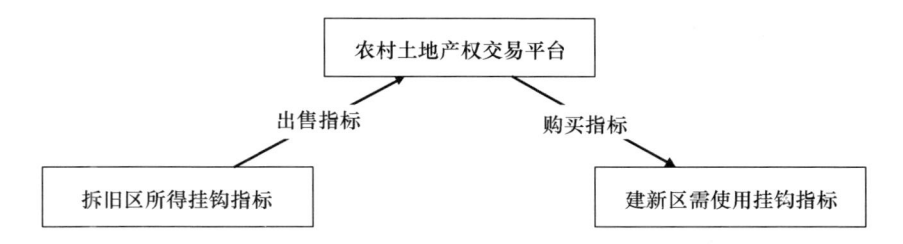

```
             农村土地产权交易平台
           ↗                    ↘
      出售指标                购买指标
     ↙                              ↘
 拆旧区所得挂钩指标        建新区需使用挂钩指标
```

图 6—1　成渝产权交易平台下的指标漂移

成渝地区对于指标市场化交易的探索，使得这种可以市场化"漂移"交易的指标与中央国土部门在全国多省市范围内所推行的增减挂钩试点，形成了一种新的项目式双轨制。在重庆是地票和增减挂钩的区别，在成都则是大挂钩和小挂钩的区别，这种新的双轨制对于地方政府的实践导向以及地方各层级政府间关系产生了重大影响。应该讲，无论是重庆的地票交易平台还是成都的农村土地产权交易平台，其基本政策设计都是基于城乡建设用地增减挂钩政策框架之内的，但是又都在不同程度上发展了增减挂钩政策，并有所突破。

◇ 一　指标漂移的市场化逻辑：以重庆市地票制度为例

2008 年 8 月，国土资源部与重庆市政府签订战略合作备忘录，明确支持重庆设立农村土地交易所，探索土地利用新机制和耕地保护新模式。2008 年 10 月 24 日，重庆市政府正式批文[①]同意成立重庆市农村土地交易所，12 月 4 日正式挂牌成立并进行了首次地票交易。2009

---

① 2008 年 10 月 24 日，渝府发 168 号文《关于成立重庆农村土地交易所的批复》。

年1月29日，国务院发布的《国务院关于推进重庆市统筹城乡改革和发展的若干意见》中明确提出设立重庆农村土地交易所，开展土地实物交易和指标交易试点，赋予了重庆先行先试权。

何谓"地票"？按照《重庆农村土地交易所管理暂行办法[①]》第18条的规定，重庆农村土地交易所交易的"地票"，指"包括农村宅基地及其附属设施用地、乡镇企业用地、农村公共设施和农村公益事业用地等农村集体建设用地，经过复垦并经土地管理部门严格验收后产生的指标"。总体来说，在运作机制上"地票"运行有五个环节：①城乡建设用地挂钩专项规划。根据规划确定挂钩项目的规模和布局，这是"地票"产生的依据。②申请复垦，批准后复垦。规定农村宅基地及其附属设施用地复垦后，该农村家庭不得另行申请农村宅基地及其附属设施用地。③验收。合格后，向市国土资源行政主管部门申请确认并核发城乡建设用地挂钩指标凭证。④交易和收益分配。在重庆市农村土地交易所开展"地票"交易，所有法人和具有独立民事能力的自然人，均可通过公开竞价购买"地票"。价格确定环节上，在综合考虑开垦费、新增建设用地土地有偿使用费等因素的基础上，制定全市统一的城乡建设用地挂钩指标交易基准价格，供交易双方参考。按照地票制度设计，"地票"交易收益，除缴纳少量税费外，绝大部分归农民家庭所有。农地、林地的承包经营权交易收益，全部归农民家庭所有[②]。按规定，地票价款扣除复垦项目工程成本和融资成本后，85%支付给退出宅基地的农户，平均费用每亩不低于9.6万元，15%支付给该农村集体经济组织，平均费用每亩1.7万元。⑤

[①] 2008年11月17日，重庆市人民政府第22次常务会议通过该办法。

[②] 重庆国土房管局：《关于规范地票价款使用促进农村集体建设用地复垦的指导意见（试行）》。

"地票"的"落地"。开发主体购买到了地票，并不意味着其购买到相应数量的"地皮"，地票只有通过"落地"才具有实际意义。因而，开发主体竞拍到地票，还要在符合城市规划和土地利用规划的范围内寻找尚未被国家征收、又符合其市场开发需求的地块，国家通过土地征收而征为国有之后，开发主体在参与该地块的招、拍、挂等法定程序后，从而取得城市土地使用权。这个环节称之为地票的"落地[1]"。

因此，在这个意义上，竞拍到地票的开发主体存在地票"落空"的风险，因为如果有了地票却不能"落地"的话，难以进行下一步的土地开发项目，也便意味着购买地票的开发主体的经济损失。而开发主体手里的地票最终是否能够落地，还需要当地政府的支持，因此在某种程度上也塑造了一定的寻租空间。在后来的地票制度改革中，重庆市政府取消了地票的有效年限限制，这也在一定程度上降低了地票"落空"的风险，但地票如何落地，仍然不是简单的有票就能落的市场逻辑。

重庆市自2008年以来交易地票11.1万亩，总成交价款222亿元，仅在2012年地票成交2.23万亩，价款47亿元，2008年以来的成交均价差不多是20万元一亩，据称带动了200多亿元资金反哺"三农"。重庆市市长黄奇帆[2]2013年2月18日在重庆市国土房管工作会上称，"这个地票成了重庆农村建设的一个重要改革红利"。就目前地票制度的进一步发展来看，"地票"开始作为抵押物进行抵押融

---

[1] 落地之后，开发商购买地票时的费用可以折抵新增建设用地土地有偿使用费和耕地开垦费用。

[2] 详见报道《重庆4年交易地票11万亩200亿资金反哺三农》中黄奇帆讲话内容，http://finance.sina.com.cn/nongye/nyqyjj/20130219/070514578753.shtml。

资，这也便意味着在"地票"落地之前，地票本身也具有了极强的收益属性。根据公开报道重庆市已经完成了首单地票的抵押[1]，称：4270万元的地票贷到3000万元。随着国务院取消重庆地票交易规模不超过年度用地计划指标10%的限制，近年来重庆市地票交易规模不断上涨，已达到国家下达年度指标的20%左右[2]。

表6—1　　　重庆市2008—2011年三类建设用地指标计划和
使用情况表[3]　　　　　　　　　（单位：万亩）

年份	国家下达的计划指标		增减挂钩指标	地票		
	计划	使用		交易	落地	占国家指标比重（%）
2008	13.76	13.33	0.47	0.11	0	0.80
2009	13.87	11.87	1.50	1.24	0.09	8.94

---

[1] 据报道：《重庆诞生首单地票抵押，4270万元地票贷到3000万》，具体来讲，2010年4月30日，开发商刘万林在第十一场地票拍卖会上，以4270万元的价格拍到该地票。通过中信银行，"打7折"以地票抵押贷款到3000万元，而根据银行方面表示，最高可以"打9折"，也就是说一个亿的地票最高可以贷款9000万元。贷款过程中面临着最为核心的问题是：银行监管层要求"地皮抵押，必须土地上有在建工程"，而地票没有对应的实实在在的土地地块，更没有在建工程了，因而如何破解这一难题成为核心问题。通常，银行抵押物主要包括两个方面：一是实物抵押，如土地、房屋、在建工程等；二是权益类抵押物，如高速公路未来五年的收费权益。就地票而言，地票显然不能进行实物抵押，银行将地票视为"今后的拿地指标"，因此将其作为"权益类抵押"进行贷款，其前提预设是：地票作为今后的拿地指标，在未来可以获得较大的权益和收益。地票抵押融资渠道的打通，无疑会主张地票价格的再度走高。但银行方面又称："若地票用于房地产开发，我们会谨慎对待，银监局对银行贷款流向房地产有严格规定"，刘万林的地票抵押采取的是"农业观光项目"的名义。因而，从总体上来看，地票抵押贷款渠道虽已打通，但案例仍不普遍。http://www.cq.gov.cn/today/news/234891.htm。

[2] 王庆日：《重庆地票交易制度分析》，载《中国土地政策蓝皮书（2012）》，第209页。

[3] 同上。

续表

年份	国家下达的计划指标		增减挂钩指标	地票		
	计划	使用		交易	落地	占国家指标比重（%）
2010	15.04	12.74	1.00	2.22	0.59	14.77
2011	16.49	15.47	3.00	5.29	2.64	32.08

地票指标市场化以后，地票与既有的行政性的自上而下下达审批的新增建设用地指标之间形成一种新的双轨制。为了防止计划内的无偿指标和通过"地票"产生的有偿指标并轨带来的冲突，重庆市出台《重庆农村土地交易所管理暂行办法》等文件，规定今后重庆主城区经营性用地不再下达国家计划指标，国家下达指标只用于工业、公共设施、教育卫生等事业性用地及扩大内需项目。经营性用地，只能使用地票。但远郊区县仍然实行原计划下达形式。这种新的土地分类机制或指标分配的双轨制并不是建立在市场原则基础上的。经营性用地只能使用地票，意味着开发主体开发某城市地块的成本多出"地票"这一块，"地票"承担了农村地区拆旧区的拆旧复垦以及农民集中居住区的建设资金。

◇ 二 地票制度下地方各层级政府间关系

简单来说，地票制度设计地票的"提供方"和地票的"购买方"。而按照我们既有的分析，"地票"作为一种可以流动漂移的土地指标，直接影响到地方的发展潜力，当指标收益不成为地方政府的主导利益的时候，"指标落在本地区"是每个地方政府所力求达到的。但地方发展有先后，行政能力也有强弱，在地票的落地区域上便可看出一二。据统计，截至2012年3月，重庆市已落地的2.13万亩"地票"中，落在主城区的1.77万亩，占83%；落在六大区域性中心城市的0.3万亩，占14%；落在其他区县的0.06万亩，仅占3%。从地票落地区域上，凸显的则是地方各层级政府之间的微妙关系。总的来说，远郊区县受制于中心城区，中心城区具有雄厚的资金能力和行政能力，因而在用地指标的分配问题上具有优先选择权。在地票制度施行以来，指标的落地区域也仍以中心城区为主。

因而，对于地票指标的提供方来讲，单纯的地票价款补偿已经难以满足地方的发展需求，越来越多的基层政府意识到土地作为一种"发展权[①]"的重要性。那么，如何调动提供地票指标的积极性呢？近年来重庆市国土部门给各区县制定了每年地票供应规模的指标任务，并将其作为政府工作的考核指标之一，这引起了区县及各乡镇政府的严重不满。根据钟杨（2012）对地票发源地——重庆市江津区的调研发现，在2008—2009年提供大量建设用地指标后，江津区并没有因为提供地票而获得额外的优惠政策，反而是自身发展用地面临着无法保障的局面。在寻求其他建设地指标未果的情况下，江津区只能通过土地交易所购买地票来满足自身发展，然而当初供给地票仅8万元/亩的价格如今已升至20万元/亩，作为地票生产地却要花费更高的代价来获取指标，江津区政府无疑会有些难以接受。"鉴于此，部分区县政府已不再愿意提供新的建设用地指标用于地票交易，转而进行对区县更为有利的城乡建设用地增减挂钩项目。"这里所谓的"更为有利的城乡建设用地增减挂钩项目"指的便是在"规范意义"上的挂钩项目，即拆旧建新项目区严格对应的项目，这样便可将周转指

---

① 汪晖、陶然：《论土地发展权转移与交易的"浙江模式"：制度起源、操作模式及其重要含义》，《管理世界》2009年第8期。

标留在县域内统筹使用。而不再如同地票交易市场一般在区县间进行指标交易、指标漂移。

为解决下级区县提供地票指标的积极性问题，或遏制下级趋向于进行"规范意义上"的增减挂钩的积极性，2011年重庆市政府发布《关于稳步开展城乡建设用地增减挂钩试点工作的紧急通知》（渝国土房管发〔2011〕127号）也对增减挂钩项目做出了一些限制，规定："凡涉及农民个人的宅基地及附属设施用地不再作为挂钩项目的拆旧地块，区县政府所在的中心城区的经营性用地不再布局为挂钩项目的建新地块。"同时还规定："挂钩项目也只能用于公益、公共项目"，这项规定意味着：地方政府并不能通过"规范意义上"的增减挂钩项目来满足自身的发展需求[①]。增减挂钩项目的吸引力即在于两点：一是拆迁复垦农民宅基地得到大量周转指标，二是对接城区经营性用地使得周转指标可以落地，以进一步推进本地区的城镇化建设和扩大土地财政收入。而上述127号文所针对的也正是以上两点，这无疑极大地打击了地方政府进行增减挂钩项目的积极性。

同时，重庆市政府在另一方面"软硬兼施"。为了缓解区县政府的不满情绪，2011年10月，重庆市国土房管局下发《关于切实做好今年农村建设用地复垦工作的通知》，对提供地票交易的区县，按其完成地票交易量30%奖励建设用地指标，用于该区县申报城镇建设项目和基础设施项目所需新增建设用地，以缓解区县用地需求的政策，旨在提高区县提供地票指标的积极性。因此，从整体上来看，限于现有的行政体制问题，中心城区仍处于较为强势的地位。但从事态的发

[①] 钟杨：《重庆地票交易制度风险防控研究》，硕士学位论文，西南大学，2012年。

展趋势来看，区县提供"地票"积极性的萎缩①在所难免。

三 由持证准入到持证准用：成都农村产权交易平台的案例

2007年6月7日，成都市与重庆市一同被国家批准为"全国统筹城乡综合配套改革试验区"，允许进行农村土地管理政策等方面的改革探索。2008年汶川大地震后，成都市的灾后重建以及城市反哺农村的新农村建设等工程，对地方政府造成了严重的财政负担，如果中央财政没有额外的资助，单靠成都市的城市反哺农村并不可能。成都市一位高层领导为我们算了一笔账：如果成都600万农村人口有一半变成市民，总共需要投入约6000亿元。而2007年即使成都财政收入猛增，也不过七百多亿元。"你说反哺？哪个政府能给得起？"② 因此，针对农村建设以及灾后重建的新的土地融资方式急待出台。为了缓解成都市的发展需求以及灾后重建的困难，国土资源部给了成都在

---

① 限于篇幅，本文没有针对基层政府提供"地票"的积极性萎缩的现象进行讨论，值得注意的是，这种萎缩的现象在土地问题上普遍存在。比如说耕地占补平衡指标的跨区域交易，随着地方政府对发展权的觉醒，越来越多的原有的出售指标的地方政府不再愿意出售指标。根据我们的调查可以感觉到，关于增减挂钩周转指标的交易也同样难以避免地走向萎缩。对此，部分学者（汪晖、陶然，2009）提出要建立全国范围内的"提低开发权转移和交易"平台，这种设想出发于经济学资源配置的视角，但是完全忽视了一项重要的土地政策在政策导向上的重要作用，无论是否"暗合了科斯半个多世纪以前的伟大理论洞见"，都实在难取。中央一旦完全放开各类土地指标的市域甚至省域交易限制，后果将不堪设想。

② 2010年12月，成都市一位政府高层在接受记者采访时称。原文：《火爆"地票"突然暂停 成都土改风向难辨》，《南方周末》2010年12月30日，http://www.infzm.com/content/54111。

增减挂钩方面几个特殊政策，包括土地可以跨越县域流转，此举意味着地方政府可通过增减挂钩最大限度地扩大土地收益；社会资金在农民宅基地上新盖的住宅可享有完全产权，此举意味着房屋具有大产权可以入市交易，以吸引大量社会资本的涉入；可以将在增减挂钩一开始就获得指标交易的收入用于灾民的新居建设，而不需要经历拆旧建新并经过验收这一完整周期等，此举意味着土地综合整理与安置农民小区建设的融资流程更为简便，以争取灾后建设时间。以上优惠政策期限为三年。随着灾后重建优惠政策的期限到达，成都市地方政府也向上级请求希望能够将优惠政策固定为基本政策。

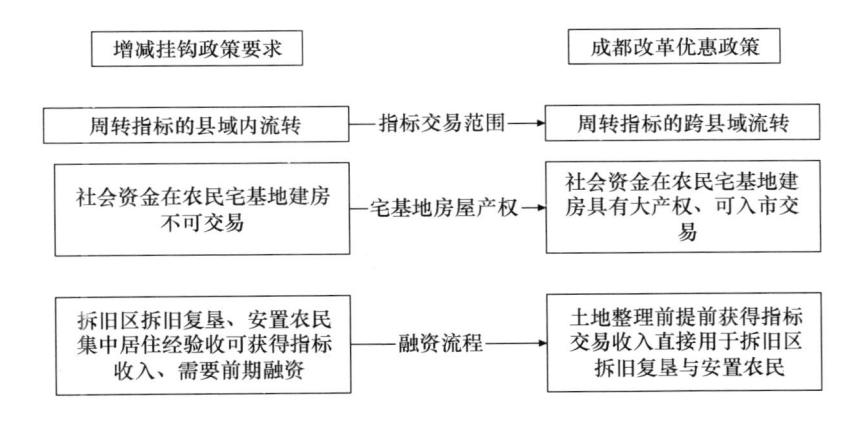

图6—2 增减挂钩政策要求与成都改革优惠政策对比

在此背景下，2008年10月13日，成都市农村产权交易所揭牌成立。业务范围包括：一是农村土地承包经营权、林权、农村房屋所有权、集体建设用地使用权、农村集体经济组织股权等农村产权的交易；二是农村土地综合整治腾出的集体建设用地挂钩指标、占补平衡指标的交易；三是资产处置等。关于第二项，即挂钩指标的交易，其在制度设计上与重庆市的地票制度在本质上相同。在具体交易过程中，成都的做法是，集体建设用地使用权的出让方必须是集体经济组织；集体经济组织使用的集体建设用地使用权流转，必须经村民会议2/3以上成员或2/3以上村民代表的同意。而这正是有效规避了现有法律条文的限制，因为法律规定农村土地归集体所有，农民个体没有权利将土地直接出让，成都市的做法将集体经济组织作为土地使用权的出让方，避免了在根本法律上的风险。

在城乡建设用地增减挂钩指标交易方面，相较于重庆市的地票制度，成都市的农村土地产权交易平台自2010年12月首次进行挂钩指标拍卖，在交易规则上存在一种由"持证准入"到"持证准用"的变化。而这种规则的变化恰恰反映了地方政府以及中央政府在对待土地探索改革过程中的态度和考虑。本部分即以这种交易规则的变化为主线，进行分析。

持证准入：指标成为"买地"的硬性要求

2010年8月5日，成都市国土资源局发布公告《关于实行国有经营性建设用地使用权出让"持证准入"制度的公告》称："为调动农民集体和农户、社会资金参与农村土地综合整治的积极性，构建城市反哺农村、城乡统筹发展的长效机制，依据《成都市人民政府办公厅转发市国土局等部门关于完善土地交易制度促进农村土地综合整治和农房建设工作实施意见（试行）的通知》（成办发［2010］59号）的相关规定，现就国有经营性建设用地使用权出让'持证准入'相关事宜公告如下。"这里提到了至关重要的一点就是要求"持证准入"，所谓持证准入，按照《公告》指的是："凡参加成都市自2010年8月1日后发布公告的国有经营性建设用地使用权竞买的申请人，必须持相应面积的《建设用地指标证书》或建设用地指标保证金收款凭证方可报名参与竞买。"这项规定相当于为竞拍国有建设用地使用权增加了一个前提，即必须要持有建设用地指标证书才能够参与竞拍，否则就没有资格进行国有建设用地使用权的竞拍。那么，竞买人的建设用地指标证书从何而来呢？按照《公告》规定："竞买人可通过农村土地综合整治直接获取建设用地指标，也可在成都农村产权交易所购买相应面积的建设用地指标，或向成都农村产权交易所缴纳建设用地指标保证金，取得建设用地指标保证金收款凭证。"通过比较，我们可以看出在获得指标的三种途径中，即①参加农村土地综合整治获得；②在成都农村产权交易平台购买；③缴纳建设用地指标保证金。竞买者往往选择第二项或者第三项，因为让企业到农村地区参加土地综合整治，项目周期太长，工程复杂，风险高，一般企业都不会选择这种指标获得方式。而"交钱"购买或者"交保证金"则要方便简洁得多。而购买国有建设用地使用权的竞拍人的这种考虑，显然与制度设计之初的"调动全社会参与农村土地整治"的初衷不太相符。

因而，在2010年11月16日，成都市国土资源局进一步下发《关于进一步完善国有经营性建设用地使用权出让"持证准入"制度的公告》称："为全面调动农民集体和农户、社会资金参与农村土地综合整治的积极性，构建城市反哺农村、城乡统筹发展的长效机制，我市将进一步完善国有经营性建设用地使用权出让"持证准入"制度，现就相关事宜公告如下。"本次《公告》中最为关键的一条便是规定："凡参加成都市2011年1月1日后公告的国有经营性建设用地使用权竞买的申请人，必须持相应面积的《建设用地指标证书》方可报名，取消通过缴纳建设用地指标保证金报名参与竞买的方式。"这便意味着8月5日《公告》中规定的指标证书获得的第三种途径被否定，竞买人只能是通过实施农村土地综合整治项目直接获取建设用地指标，或者在成都农村产权交易所购买相应面积的建设用地指标。

自此，在成都，"指标"成为土地开发主体进入一级土地交易市场购买国有经营性建设用地使用权的前提。开发主体想要购买国有经营性土地，必须通过农村土地综合整治或在交易平台购买相应的建设用地指标。而通常来看，资本并不愿意到农村进行土地整理，只剩下一条相对便捷的路径：购买指标。"持证准入"的规定意味着，没有所谓"指标证书"就不可能获得国有建设用地的使用权，在某种意义上，"指标证书"的购买已经成为"国有经营性建设用地使用权"购买的预演，或者俨然成为其重要组成部分。资本对于政策转变是极为敏锐的，基于对政策的预期判断，其反应在某种程度上也是显得非常夸张的。没有指标政府就难以参加接下去的土地竞拍，土地储备则难以完成，从而导致庞大的地产链条的中断。因而，我们可以看到成都市第一次指标交易的火爆情形。

2010年12月3日，成都市农村产权交易所发布《成都农村产权交易所建设用地指标交易公告》（成农交指标告［2010］004号），将于2010年12月17日上午拍卖2000亩建设用地指标。规定：本次竞价的建设用地指标可用于参加成都市［包括中心城区及二、三圈层各区（市）县］国有经营性建设用地（暂不含工业用地）使用权竞买的"持证准入"。采用场内公开竞价的交易方式。交易竞买起始价为15万元/亩，现场竞价，价高者得。"持证准入"的制度设计使得建设用地指标成为一种稀缺的商品，成为"抢手货"。2000亩建设用地"指标证书"受到一百多家开发商的追捧，拍卖起始价为15万元/亩，当天最高达到92万元/亩，平均72万元/亩，成交总额达到14.578亿元。相较于成都市2010年5月9日的土地拍卖价格，指标证书的价格达到了土地出让成本的1/3。第一次指标交易的溢价率高达385.93%。其中，保利地产以141号的买家身份买走了2张100亩地票，成交价分别为 70 万元/亩和 69 万元/亩；另外，保利地产还以 145 号的买家身份买走了 16 号的 200 亩地票，成交价为 66 万元/亩。三宗地票的总代价为 2.71 亿元。河北的荣盛房地产发展股份有限公司以 47 号身份，以 78 万元/亩、82 万元/亩、85 万元/亩、69 万元/亩竞得 10 亩、20 亩、50 亩和 100 亩地票各 1 张，总成交金额达 1.357 亿元。金地地产以 144 号的买家身份夺走了一张 200 亩地票，成交价为 68 万元/亩，总成本 1.36 亿元。另外，作为非地产企业的中石油也以 1 号竞拍者的身份以 84 万元/亩代价竞得 20 亩地票，总价 1680 万元。[①]

表6—2　　　成都市农村土地产权交易所建设用地"指标"第一次交易情况统计

购买方	地票面积（亩）	成交价（万元/亩）	总额（亿元）
保利地产	100	70	2.71
	100	69	
	200	66	
荣盛房地产	10	78	1.357
	20	82	
	50	85	
	100	69	
金地地产	200	68	1.36
中石油	20	84	0.168
其他共计	1200		8.983
总计	2000		14.578

第一次指标交易的火爆程度令成都市政府和中央政府都始料未

---

① 新闻来源：http://www.cs.com.cn/fc/02/201012/t20101220_2716132.html。

及。当日成都市政府连夜召开相关会议对指标交易进行讨论。总的来说，首次"地票"竞卖会的火爆让成都市政府尝到了甜头。然而，2010年12月24日，国土资源部调控和监测司巡视员张婉丽等7人调研组抵达成都，就当地"地票"交易及农村土地整治情况对成都市国土资源局进行问询，将"建设用地指标"竞卖的"旺火"给浇灭了。成都农村产权交易所的一位负责人在接受采访时称："仿佛坐上了'过山车'，刚刚还是高潮，转眼就沉入谷底了。"①

转为"持证准用"：成都"持证准入"地票交易的叫停

2010年12月15日，成都市国土资源局发布公告（成农交指标告[2010]005号）：定于29日举行的第二次指标交易，本次交易标的为建设用地指标3000亩。但由于17日的第一次指标交易的火爆情形，国土资源部相关调查组到成都进行调查，12月28日，成都农村产权交易所发布公告称第二场建设用地指标拍卖"因故暂缓举行，具体交易时间另行公告"。引起媒体的广泛关注，当时的很多报道称：国土资源部称，暂停成都地票的根本原因是违反了"城乡建设用地增减挂钩"政策。

在2010年11月16日成都市公布修订"持证准入"的公告5个月以后，2011年4月14日成都市农村产权交易所第三次发布地票交易规则的公告，即《关于实行国有经营性建设用地使用权"持证准用"制度的公告》宣布自2011年4月15日起实行国有经营性建设用地使用权"持证准用"制度。相较于以往的"执政准入"规则，"持证准用"仅一字之差，规定："为了进一步发挥市场配置资源的基础性作用，建设城乡协调发展的土地市场，经市政府同意，根据《成都

---

① 相关报道参见：《国土部浇灭成都地票交易 农地流转政策意见不一》，http://finance.sina.com.cn/roll/20110108/00029221401.shtml。

市国土资源局关于完善建设用地指标交易制度促进农村土地综合整治的实施意见》（成国土资发［2011］80号）规定，我市将实行国有经营性建设用地使用权'持证准用'制度。"具体要求中，由原有的"竞买人"变为现在的"竞得人"，并对不同地区进行了区别要求，"从2011年4月15日起，成都市锦江区、青羊区、金牛区、武侯区、成华区、高新区、青白江区、龙泉驿区、温江区、新都区、郫县、双流县的国有经营性建设用地（不含工业用地）使用权首次出让，竞得人须持有相应面积的建设用地指标签订《国有建设用地使用权出让合同》；彭州市、都江堰市、崇州市、邛崃市、大邑县、金堂县、新津县、蒲江县的国有经营性建设用地（不含工业用地）使用权首次出让，竞得人在签订《国有建设用地使用权出让合同》时，须按照市政府确定的建设用地指标当年最低保护价标准，缴纳竞买宗地相应面积的建设用地指标价款。"同时，也将非首次供应的土地，取消了指标限制，即"成都市范围内城镇改造整理出的国有经营性建设用地使用权出让（非首次供应），竞得人不需持有建设用地指标，也不缴纳建设用地指标价款。"而对于如何获得这些指标，本次《公告》则没有做出大的变动，依然规定："建设用地指标可通过农村土地综合整治获取，也可在成都市土地矿权交易中心、成都农村产权交易所购买；指标价款在成都市土地矿权交易中心、成都农村产权交易所缴纳。"

新的规则更改以后，由"持证准入"转为"持证准用"，指标所要求的持有者也由国有经营性建设用地"竞买人"变为"竞得人"，一字之差意味着：要想拍地，你需要有建设用地指标，但不一定要先有，也不一定非要拍卖，只要拍地后有足够的建设用地指标相匹配即可。

指标价格与地域的挂钩新机制

根据成都市国土资源局在 2011 年 4 月 13 日颁布的《关于完善建设用地指标交易制度促进农村土地综合整治的实施意见》（成国土资发〔2011〕80 号）规定："建设用地指标的价格应以最低保护价为基础，按市场规则由交易双方决定。建设用地指标的最低保护价在考虑实施农村土地综合整治项目的成本，包括农村基础设施建设、公共服务配套、农房建设的'四性'要求等基础上，由成都市人民政府每年 1 月 1 日确定并公布。2011 年建设用地指标的最低保护价为每亩 18 万元。"同时，建设用地指标有一定的使用期限，按照成都市国土资源局的规定："建设用地指标自交易、登记生效之日起 2 年内有效。在规定期限内未使用的，由成都市人民政府指定的机构按建设用地指标当年最低保护价回购。"

2011 年 4 月 14 日的指标交易新规，还给不同区域不同属性的土地安排了对应的指标取得方式。即想要二圈内（主城区以及靠近主城区的 5 个区市县）的建设用地，就要对挂牌地票进行报价，价高者得；想要三圈土地的，直接缴纳固定的建设用地指标费即可，2011 年的新价格为 18 万元/亩；至于旧城改造这类原本就是国有建设用地属性的土地，则完全不需要建设用地指标。由此，围绕建设用地指标的价格，在指标购买和使用上也形成了新的挂钩和分类机制。直观上来看，一、二圈城的指标价格按照价高者得的原则，因而用地成本进一步增加；三圈城土地则缴纳相对固定的指标费即可。而旧城改造出的国有建设用地使用权则不需要获得用地指标。

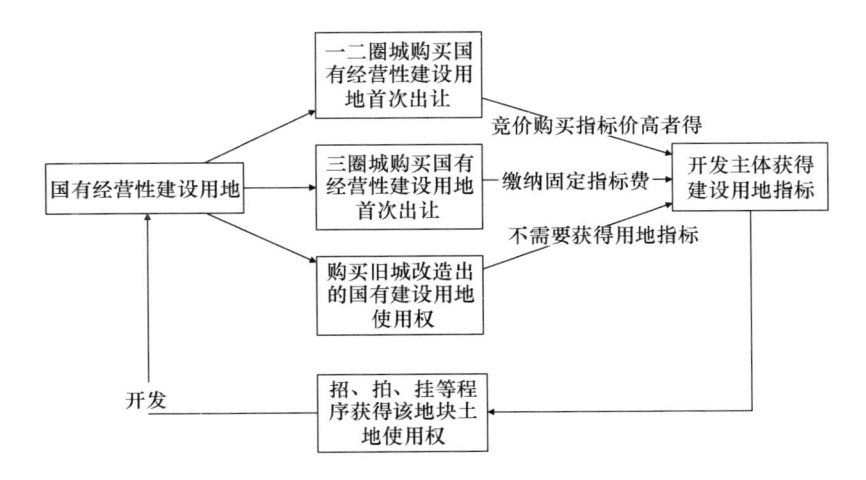

图 6—3　成都市持证准用后的指标交易分类机制

未来发展的趋势

按照成都市国土资源局 2011 年 4 月 13 日发布的《关于完善建设用地指标交易制度促进农村土地综合整治的实施意见》（成国土资发〔2011〕80 号）规定，所谓的建设用地指标的来源是："通过实施农村土地综合整治项目，整理废弃农村建设用地并复垦为耕地，扣除农民集中居住区占地、预留给农民集体的发展用地，经验收合格节余的建设用地面积，为建设用地指标。"就地方政府与农民的关系来讲，围绕农村土地问题，其基本走向是：无论是持证准入还是持证准用，更大规模的农村建设用地的复垦是维持建设用地指标供应的基本前提，这也就意味着更多的农民从既有宅基地退出而被安置进农民集中居住小区。2009 年，成都市国土局发布了《成都市农村土地综合整治白皮书（2009—2015）》，拟用 6 年左右时间，对全市五百多万亩农用地和五十多万亩建设用地进行整理，预计节省出建设用地指标 36.8 万亩，改善 61.5 万户农民居住条件，通常采取的方式是安排引导农民集中居住，以多层单元楼房为主。需要注意的是，这里所谓的农民上楼并不是我们传统意义上的随着城市的扩张，或城郊地区的农民土地被征用，而是指远离城市区域的大批农民改变其原有居住方式，上楼居住。这种城镇化更多的是在土地指标意义上的城镇化。

以上对于成都市农村土地交易平台下的建设用地指标交易规则的变化有了一个简要的梳理。在我们的具体调查过程中，明确了在成都市各类土地整治项目名目下存在一种重要的分类：大挂钩与小挂钩。所谓"大挂钩"，指的是按照国土资源部每年的增减挂钩项目审批而进行的挂钩项目；而"小挂钩"，即在成都农村产权交易所挂牌交易的"地票"，只需要在成都市国土资源局立项即可。小挂钩项目与国土资源部的试点无关，同时也意味着不需要完成国土资源部规定的先建农民新聚居点并通过国土部门验证，就可以进行指标交易。因而，在这个意义上，从大小挂钩项目的分类以及地方实施情况来看，增减挂钩的各类项目界限逐渐被地方政府所突破，在整体上逐步走向地方自主性的加强。

四 基层政府的项目逻辑：以成都市大邑县为例

增减挂钩作为一种制度，以项目制的方式运作，最终落脚点在村庄，负责实施的主体在县一级和乡镇一级政府。通过我们对成都市大邑县[①]的案例考察，分析其县乡政府在具体的项目操作过程中所考虑

---

① 成都市的农村土地产权交易平台在制度设计上与重庆市的地票交易制度异曲同工。因资料收集问题，本文在本部分采取成都市的案例进行分析。

的问题，可以看出基层政府的实践逻辑。简言之，在项目操作的具体过程中，基层政府所关心的核心问题是：如何在有限的财政能力下很好地完成项目。从宏观结构上来看，我们所讨论的增减挂钩等系列土地政策，以及在分析政策过程中所凸显的中央与地方关系的新变化，都是建立在项目制的背景之下的。所谓项目制，如同过去我们所熟知的单位制和双轨制一样，是"一种能够将整体社会结构及机制统合起来的制度或体制"，即"在这个意义上，项目制不单指某种项目的运行过程，也不是指项目管理的各类制度，而更是一种能够将国家内部从中央到地方的各层级关系以及社会各领域统合起来的治理模式。项目制不仅是一种体制，也是一种能够使体制积极运转起来的机制，同时，它更是一种项目思维，决定着国家、社会集团乃至具体的个人如何构建决策和行动的战略和策略。"[①] 项目治国背景下的"项目经济"开始成为动员地方政府的激励机制。同时，项目制赋予了中央和地方政府一种深入基层社会的强大能力。以项目制的视角，来看基层政府在进行大小挂钩项目时的实践逻辑，有助于我们跳出所谓的"上有政策、下有对策"的简单中央—地方二元结构关系的逻辑套路。

迅速地获取资金来源：指标出售地区的早期逻辑

以成都市大邑县为例，由于该市地处整个成都市三圈城位置，经济基础薄弱，经济发展较为落后，在发展过程中面临着严重的资金问题。尤其是在2008年，大邑县作为汶川大地震的受灾区，灾后重建面临严重的资金压力，而这一资金压力在现有体制下转化为巨大的政治压力，为灾民建新居是必须要完成的硬指标，增减挂钩政策为其搭建了一个应急的资金平台。2009年，大邑县国土局以15万元/亩的价

---

① 渠敬东：《项目制：一种新的国家治理体制》，《中国社会科学》2012年第5期。

格在成都市土地产权交易平台向温江和龙泉驿出售挂钩指标1900亩，总值2.85亿元。但是随着大邑县灾后重建的逐步完成，本地区的发展同样也需要大量的建设用地指标，而且土地整理项目成本逐年增加，购买建设用地挂钩周转指标的价格也随之攀升。因此，越来越多的地方政府逐渐意识到土地在整个发展过程中的作用，不再倾向于将自己所整理出的建设用地周转指标出售给其他地区，一般都"希望留在我们自己地区使用"。之前各地出售指标的地方政府纷纷表示后悔。按照大邑县新场镇的政府官员的话来讲，便是："你有那么多钱干吗？没有土地指标落地，有再多钱也是发展不起来啊。""指标漂移出去了，限制了自己以后的发展。"①

参加项目的"及格分数线"：基层政府的精打细算

通常情况下，县级财政将项目款包干给乡镇政府，乡镇政府负责组织项目的实施。在这个过程中，必须要通过细致的成本核算，一方面能够完成项目，另一方面又不会对地方财政造成太大的负担，甚至还有所盈余。按照成都市大邑县的政策规定，集中居住区人均住房建设面积约30平方米，加上配套的基础设施，人均综合用地面积达到50平方米。而大邑县每年下拨的土地整理与建新居的费用：2008年至2010年是15万元/亩，2011年是20万元/亩，2012年是25万元/亩。县里给出了一个农户节余建设用地周转指标平均参考标准，即参与项目的搬迁农户预计可节余指标约为103平方米即0.15亩。但各乡镇因地形以及具体发展情况的不同，其拆旧建新的成本差别也很大。如果严格按照县财政所拨付的项目运作成本，比如说2012年25万元亩的话，再根据本乡镇情况会得出一个"能够参与到挂钩项目"

---

① 同样的情况在重庆调查过程中也普遍存在。重庆市涪陵区新妙镇某官员说："刚开始也做过傻事，急功近利，盲目地去做，造成了很多的矛盾。"

当中农户的"分数线"。所谓分数线指的是该农民能够节约出多少建设用地周转指标。县里给出的平均水平是 103 平方米，这便成了农户参与挂钩项目的一个"分数线"，农户想要参与挂钩项目必须要能够人均节余出 103 平方米的挂钩指标。如果不能够节约那么多，则需要出钱购买所缺的节约指标，节约指标多的话，则相应补偿标准也随之增长，即地方干部所谓的"多赔少补"。但是部分土地整理项目成本平均价格高的地区，比如说西岭镇作为一个山区乡镇，其所计算出的人均节余建设用地周转指标便达到 135 平方米。但是如果这样的话，存在一个非常严重的问题：一个乡镇可以参与到增减挂钩项目当中的农户数目极少。因为，人均占有建设用地面积达到 185 平方米（农民安置住房的 50 平方米 + 可节余出的指标 135 平方米）的情况并不构成普遍现象。以此，我们可以看到乡镇政府在完成此类项目时"精打细算"的一面。设置一个参与项目的"及格分数线"的关键点在于成本核算，即由省至县市一级为乡镇下拨了每亩定量的经费，乡镇政府看碟下菜，"分数线"的设定顺理成章。

捆绑项目制：省时省力完成项目的逻辑

具体到乡镇政府，县级财政所拨付的项目款项是有一定限度的，往往采取包干制。例如，2012 年大邑县每亩地给出的包干费用是 25 万元，人均节余 103 平方米建设用地周转指标的平均水平，但根据我们所调查的新场镇的情况来看，他们根据自己的情况所计算得出的成本则为每亩 30.7 万元。具体计算见表 6—3。并且，集中居住区占地范围内设计的杆线迁改、桥梁建设、坟墓搬迁视具体情况而定，不可预见费用未计入项目成本。对于多数乡镇来说，情况与新场镇差不多。总之，这 25 万元是远远不够的，或者"没有多大赚头"。那么这部分"差价"如何来弥补呢？

表6—3　　大邑县新场镇土地综合整治挂钩项目成本核算表

项目	标准	新场镇人均成本	新场镇亩成本
土地权属调整费	4.6万元/亩	3450元/人	4.6万元/亩×50平方米/666.67平方米/0.15亩=2.3万元/亩
农户搬迁补偿	1万元/人	10000元/人	1万元/0.15亩=6.7万元/亩
风貌打造	0.4万元/人（0.15亩）	4000元/人	0.4万元/0.15亩=2.67万元/亩
小区总平和基础设施配套	1.2万元/人（0.15亩）	12000元/人	1.2万元/0.15亩=8万元/亩
拆旧地块地面附着物补偿	20元/平方米	3060元/人	（20元/平方米×153平方米）/0.15亩=2.04万元/亩
拆旧地块复垦工程费	0.7万元/亩	1610元/人	（0.7万元/亩×153平方米/666.67平方米）/0.15亩=1.07万元/亩
其他费用	地形测量、评估、勘探、规划、设评、立项、验收等费用	2754元/人	1.2万元/亩
融资成本	18%	9700元/人	4.22万元/亩
乡镇工作经费		5740元/人	2.5万元/亩
合计		52314元/人	30.7万元/亩

根据我们的调查，在项目制背景下[①]地方政府多是以"捆绑项目制"的运作机制来保证项目的完成和不亏本甚至盈利的。①多个拆旧

---

① 渠敬东：《项目制：一种新的国家治理体制》，《中国社会科学》2012年第5期；折晓叶、陈婴婴：《项目制的分效运作机制和治理逻辑》，《中国社会科学》2011年第4期。

地块，捆绑包装为一个增减挂钩项目。将多个拆旧地块合并为一个挂钩项目的话，在某种程度上可以节约规划、设计、勘探、验收等项目包装费用，并且多个小区可以公用附近基础公共设施。②多个"名目"集中居住小区捆绑建设。"上头万条线，下头一根针。"一个集中居住小区有多个名目下的建设项目，大大节约了成本，也结合了政策和资金上的支持。如我们所调查的王泗镇的情况，其在义兴村所建成的望城小区一部分安置了因冶金实验厂建设而搬迁的90农户，另一部分安置了一批纯粹"农民上楼"意义上的农户。其将要在福田村建设的集中安置小区也是将"2923"工程、成蒲铁路建设项目、新农村建设项目等一批项目捆绑在一起集中建设。③增减挂钩项目与其他产业开发建设项目捆绑。基本做法是将节余出的建设用地的一部分交予社会资本进行开发建设，而这部分社会资本则分担了项目垫资的压力。如新场镇的九洞桥联建项目，规定"参与联建的农户用旧房面积的70%换取新房屋，剩余面积交给投资开发商发展乡村旅游项目"。集中安置区建设的那部分"差价"甚至是其他一些"负担"，便由投资开发商所承担。

周转指标的最大化：地方政府的必然选择

在增减挂钩的政策框架下，预算外的土地指标对于地方政府形成了强烈的激励机制。从规范的增减挂钩项目意义上来讲，为了获得城镇建新区的土地指标，地方政府都有进行增减挂钩项目的冲动。而在成渝土地指标交易平台的制度设计下，指标还可以进行跨地区的漂移交易，因此无论是出于出售周转指标从而迅速获取资金的考虑，还是出于设定参加项目的"及格分数线"以及通过"捆绑项目制"的方式省时省力地完成项目的考虑，其所产生的共同导向都是：尽可能地使得周转指标效益最大化，可以说这是地方政府的必然选择。在这个意义上，增减挂钩政策出台之初的"增加耕地"的制度设计，已经成为地方实践的副产品。从实施增减挂钩项目的地方政府来看，尤其是拆旧区的地方政府，其所要消耗的成本与其所得收益相比是非常高的，并不会任其以"增加的耕地"的形式留存。以大邑县的安仁镇2010年土地综合整治挂钩项目的具体情况为例，三大项目节约建设用地周转指标分别达656.8亩、720.7亩、278.5亩，而新增有效耕地面积仅为1.5亩、2.3亩、1.2亩。需要强调的是，我们这里的讨论并不涉及一个"好政府"还是"坏政府"的价值判断，仅就逻辑关系上而言。

表6—4　　安仁镇2010年土地综合整治挂钩项目基本情况统计表

（2010年4月6日）

村（社区）名称	拆旧区基本情况			包装项目个数	农民集中居住区基本情况						节约建设用地挂钩周转指标（亩）	新增有效耕地（亩）
^	拆旧地块面积	搬迁户数	搬迁人数	^	序号	农民集中居住区	位置	占地面积（亩）	可集中居住户数	可集中居住人数	^	^
长福、新和、五星、三河、双合	880.9	786	2677	1	1	三河点	三河社区	30.3	109	369	656.8	1.5
^	^	^	^	^	2	新团点（一）	新团村	195.7	594	2007	^	^
^	^	^	^	^	3	新和点	新和村	29.3	86	301	^	^

续表

拆旧区基本情况			包装项目个数	农民集中居住区基本情况						节约建设用地挂钩周转指标（亩）	新增有效耕地（亩）
村（社区）名称	拆旧地块面积	搬迁户数	搬迁人数		序号	农民集中居住区	位置	占地面积（亩）	可集中居住户数	可集中居住人数		
陈河、金塘、石瓦	985.7	835	2921	1	1	陈河点	金塘社区、陈河村	214.2	628	2197	720.7	2.3
					2	石瓦点	石瓦村	70.6	207	724		
裕民新团、齐埝、金光、	403.3	399	1452	1	1	新团点（二）	新团村	141.6	399	1452	278.5	1.2

五 兼谈地方融资平台的急速膨胀与大规模的资本下乡

在现有的发展模式之下，地方政府所要解决的两个首要问题便是：土地和资金。在土地、财政、金融"三位一体"的模式之内，土地无疑是这个模式得以循环运转下去的根本，而无论是地方政府还是资本，其根本关注点并不在于土地本身，而是在于土地的资产和资本价值。地方融资平台的兴起，便是这种发展逻辑和模式的必然产物。

尤其是在 2008 年 11 月，中央政府推出 4 万亿元经济刺激计划。在这 4 万亿元中，保障性安居工程占 2800 亿元；农村民生工程和农村基础设施建设占 3700 亿元；铁路、公路、机场、城乡电网占 1.8 万亿元；医疗卫生、文化教育事业占 400 亿元；生态环境方面的投资占 3500 亿元；自主创新结构调整占 1600 亿元；灾后恢复重建占 1 万亿元。由此可见，我国的四万亿元经济刺激计划在本质上是一个投资驱动型方案。而 4 万亿元中，中央政府仅拿出 1.8 万亿元，另外的 3.2 万亿元要由地方政府通过各种方式融入，因而我们可以看到在 2009 年地方政府展开了轰轰烈烈的融资运动，地方政府债务出现爆发式的增长。在 2008 年初，全国各级地方政府的融资平台公司的负债总计 1 万多亿元。而受四万亿元基金政策的激励，外加各大银行事实上放松银根和贷款条件，"全国范围内的政府融资平台公司陡增到 3000 多家（一说是 8000 多家），其中 70% 以上为县区级平台公司，负债余额则从 1 万多亿元增加到 6 万亿元（也有人说是 5 万多亿元，还有人估计是 11 万亿元），其中绝大部分来自于银行贷款"[1]。地方政府的深度介入众所周知，各类融资平台公司的背后是地方政府，平台公司的负债就是政府负债。截至 2012 年底，全国 84 个重点城市处于抵押状态的土地面积为 34.87 万公顷，抵押贷款总额 5.95 万亿元，同比分别增长 15.7% 和 23.2%[2]。一方面是地方债务规模不断加大，另一方面则是部分地方以土地出让收入为偿债来源的债务余额大幅增长，根据国家审计署 2013 年 6 月公布的对 36 个地方政府本级 2011 年

---

[1] 冯俏彬：《再认识我国地方政府投融资平台公司的巨额负债》，《西部论坛》2010 年第 3 期。

[2] 国土资源部《2012 年中国国土资源公报》。

以来政府性债务情况的审计报告称,截至2012年底,4个省本级、17个省会城市本级承诺以土地出让收入为偿债来源的债务余额7746.97亿元,占这些地区政府负有偿还责任债务余额的54.64%。[1]

但根据刘守英等人的研究,现有的卖地模式已经难以维持下去,近年来由于征地拆迁等成本性支出攀升,地方政府实际可支配的土地收益(即所谓的"土地财政")收缩很快,同比增幅不断下降。2008年,地方政府实际可支配的土地出让收益为4364亿元,占土地出让收入的比重为43.9%;2012年,地方政府实际可支配的土地出让收益为6268亿元,同比减少3172亿元,占当年出让收入的比重只有21.7%。依托"土地财政"保障民生等支出的制度安排,面临可持续性的问题:一是土地出让收益的波动性大,而民生领域的支出却是刚性的。一旦土地收益大幅下降,地方政府就难以兑现各项民生保障的承诺。二是征地过程中的各类成本性支出快速上升,导致未来土地出让收益占总收入的比重仍会趋势性下降,将直接影响土地出让收益对民生领域的保障能力。[2]

而想要使得以土地为核心的发展模式得以循环运转下去,一方面要源源不断地新增土地指标,另一方面还要有源源不断的新增资金来源。以我们所调查的大邑县为例,根据该县统筹委:"大邑县的建设资金相对短缺。由于大邑县人口多、底子薄,三农、民生工程等需要投入的领域较多,财政收支矛盾较为突出。同时,由于今年国家金融政策银根缩紧,融资抵押物也相对较少,特别是部分项目需要较大的

---

[1] 中华人民共和国审计署2013年第24号公告《36个地方政府本级政府性债务审计结果》。

[2] 参见刘守英、邵挺《关于卖地模式的不可持续性与改革建议》,国务院发展研究中心内部研究报告,2013年,未刊稿。

抵押物，加之国有土地可用于抵押的已经不多，导致融资难度较大。部分平台公司资本金不足，尚不能达到银行放贷要求，导致贷款难。项目自有资金较少，特别是交通建设项目、土地整理项目、场镇改造、林盘整治、农民集中居住区及基础设施建设项目等规模较大的项目，需要大量资金。"[1] 那么这部分资金如何而来呢？一部分是在项目制体系下由上而下的财政拨付，但是更多的是需要由地方金融抵押平台进行融资，同时大量引进社会资本参与到不同的项目之中。具体来讲便是"运用城乡建设用地增减挂钩政策，在城乡资源之间搭建市场化的互惠共享机制，合理分配增值收益，有效调动市场和农民的积极性。"按照大邑县统筹委的统计数据来看，整个大邑县集合灾后重建，以市场化配置资源撬动社会资金31亿元，全面启动桃源新城和旧城改造，改扩建旧城区市政道路项目11个，新建、改建城市管网26.3公里；加快安仁、王泗、沙渠3个重点镇建设，启动16个乡镇场镇改造，实施土地综合整治项目62个。2011年，全县累计流转农村产权1.35万宗4.12亿元，农村产权抵押贷款679宗1.1亿元。地方融资平台急速膨胀，盘子不可谓不大。但是大量社会资本的涉入，其风险如何估计，不得不引起我们的重视。

  农村土地大规模综合整治项目的实施对资金运作要求很高。而随着项目规模的逐步扩大，地方政府的财力逐步难以支撑如此大规模的资金需求。引入社会资本成为必然选择。但是资本是理性的，如何吸引社会资本进入该项目当中成为地方政府思考的另一重要问题。有的做法是将所得建设用地指标的一部分回馈给社会资本，即资本一方面在农村进行土地整治，另一方面在城市的建新区中的出让区中分得一

---

[1] 据大邑县统筹委2011年工作报告。

部分收益。同时，随着资本平台的逐步发展，如何在农村地区为社会资本提供发展空间，成为地方政府不断探索的又一重要领域。但是社会资本不断深入农村土地综合整治的运动当中来，并不能简单地从解决资金困难的角度来看待这个问题，资本对于改革的倒逼之势，已逐渐浮现水面，其对地方规划的影响到达了何种程度，是值得我们进一步考察的重要问题。

有学者在评论十八大以来新一届政府的简政放权问题时强调："简政放权的同时，中央政府要强力推行银行和投资机制的民营化，否则，无竞争，放权的结果是强化了地方政府的权力，结果甚至更糟糕。"[1] 从此观点出发，似乎会较为重视社会资本的市场机制性作用。社会资本对地方建设的大量涉入，究竟会起到什么样的作用，还不得而知。究竟会走向更加广泛的市场性竞争还是走向地方政府不断做大而同时社会资本与地方政权紧密结合而成为新的权力主体。就我们从土地项目的整体运作情况上来看，更倾向于后者。因而，社会资本涉入的危险需要得到我们的重视。

六 讨论：土地政策视野下的中央—地方关系

中央政府手中实际掌握的资源很大程度上决定了其对下级政府的约束能力。自分税制改革以来，中央政府财权大握，集权空前绝后。但同时又必须要解决地方发展的积极性问题，欲使地方有动力则不得不给予地方发展以一定的空间，而对于这个空间的大小变化则反映出

---

[1] 汪丁丁：《行政审批改革如何动真格》，财新网，2013 年 5 月 20 日，http://magazine.caixin.com/2013 - 05 - 17/100529622.html#gocomment。

中央—地方关系发展的态势。在新时期围绕土地问题，中央与地方形成了新的关系构架。

中央的严控逻辑

中央政府负有多重治理目标，就农村土地问题来讲，粗线条来看关涉：社会稳定问题、耕地红线的政治问题、国家粮食安全、地区经济发展动力问题等多方面。因而，在土地管理政策上倾向于集权式的严控政策，以耕地占补平衡政策为典型代表。严格控制地方土地利用规划以及国有建设用地的审批。地方发展用地指标严重不足。

地方的发展逻辑

相较于中央政府，地方的发展目标相对简单一些，整体上来看便是在所谓的地区锦标赛或官员升迁锦标赛体制下的经济发展问题（简约化为GDP主义）。分税制改革以后，地方发展的工业化热情逐步被城镇化所取代，以土地、财政、金融三位一体为典型发展模式盛行全国，土地和资金成为发展的核心要素。

中央对地方的激励逻辑

在中央集权体制下，如何保持地方发展的动力问题经常被讨论。在土地问题上，一方面中央实行严格的控制政策，另一方面又不得不给予地方一定的改革空间或动力。增减挂钩政策正是在土地问题上的一次"松绑"。允许地方政府在耕地不减少的前提下进行改革试验。

地方改革的利益固化逻辑

中央政策在土地问题上的"开口子"，地方发展获得一定的改革合法性。但是同时又充满着突破改革框架的冲动，即获得更大程度的优惠政策以支持本地区的发展（以城镇化发展为主）。一方面，各地区普遍存在超出既有改革试点框架范围的"超标"运作；另一方面，地方政府积极与上级政府"谈判"希望将已有的改革利益格局加以固化甚至扩大。

　　坦率地说，增减挂钩政策的出台是中央政府顺应当下高速工业化城镇化进程的必然选择，当然也是为地方政府保有发展积极性和运作空间的无奈之举。在中央与地方的角力过程中，中央虽然表面上保有"最终追究"的权力，也有很多学者所强调的"人事权"[1]，但这类政治性权力虽然威猛却不能轻易或经常使用，更不能落实到具体行政过程之始终。因此，与地方现实相符的是实质上走向的以地方实践为主。在中央集权的框架下，地方政府有逐步走向占据主导权的趋势，即使中央政府仍严格地控有财税权和人事权[2]。因而，中央政府对于地方试验在政策上所开"口子"的大小和松紧程度的控制，显得尤为重要并愈发困难。

　　中央与地方之间博弈的方式和结果取决于上下级政府各自的控制能力。

---

[1] 周雪光：《权威体制与有效治理：当代中国国家治理的制度逻辑》，《开放时代》2011年第10期；周黎安：《中国地方官员的晋升锦标赛模式研究》，《经济研究》2007年第7期。

[2] 王绍光：《分权的底限》，中国计划出版社1997年版；吴国光、郑永年：《论中央—地方关系：中国制度转型中的一个轴心问题》，牛津大学出版社1995年版。

第 七 章

中央地方关系与城镇化

在前面几章，我们分别从财政体制和土地管理两个方面考察了中央和地方关系的变化。总的来说，在分税制以后，地方政府逐渐形成了依赖土地开发和土地财政为主要发展动力的格局，而中央政府则是通过管控土地指标的方式对地方的发展速度以及区域之间的平衡进行调节，中央与地方、地方政府之间逐渐形成了具有相对独立主体意识的利益主体，我们可以从发展目标和地方利益两个方面来理解中央和地方在新时期的关系。

2008年以后，随着中央政府激进的经济刺激计划的出台，中央和地方在财政和土地管理方面的格局都开始发生重大的变化。地方政府一方面通过利用土地指标"增减挂钩"等政策突破中央政府的土地管控，另一方面利用地方融资平台，通过土地抵押手段大规模利用银行资金进行城市建设，形成了土地、财政、金融"三位一体"的城镇化发展模式。

◇ 一 土地、财政、金融"三位一体"的城镇化模式

城市建设的资金从何而来？以调研过的绍兴县和金华市城市基础

设施建设的资金来源情况为例,政府资金投入(财政投入+土地出让金)约占 1/3、金融投入占 2/3 左右。可见在城市开发和建设中,真正的主角是金融资金而非财政资金。

一般说来,作为融资平台主体的政府性公司获得银行贷款的途径有三种:公司互保、财政担保和土地抵押。所谓公司互保就是几个大的政府性公司用资本金互相担保进行贷款,由于这些公司的资本金大部分来自于政府的财政投入,所以这些贷款基本属于政府用财政资金做保的贷款;财政担保则更为简单,实际上就是政府财政部门直接出面做担保主体,由财政局直接出具一份"承诺函",其中写明贷款主体、担保主体以及各种细节。前两种其实没有太大区别,其担保资金都是政府的财政资金,第三种则是土地抵押贷款,这也是融资的主要方式。需要说明的是,因为《担保法》规定政府不能作为贷款担保的主体,所以当前地方政府融资的主要形式就是融资平台的土地抵押贷款。

要获得土地抵押贷款,则必须拥有土地使用权证。在我们调查的地区,虽然程序略有不同,但是政府一般将这些公司所要建设、开发项目用地的使用权划拨给公司。这些建设用地既包括公益性的建设用地,也包括部分非公益性的、用于经营性开发的商住用地。对于后者,政府性公司无权将其用招、拍、挂的形式出让,而是将其抵押给银行来获得土地抵押贷款。

在土地开发和城市建设中,所谓的"以地养地"之法是常见的。其基本思路就是将一部分地理位置好的公益性用地作为经营性用地按招、拍、挂的形式出让,获得高额出让金之后用于补贴公益性建设的支出。而政府性公司的土地抵押贷款实际上也是奉行的这样一套"以地养地"的思路,不过区别在于,那些用于"养地"的"好地"并没有真正进行经营性开发,而是高价抵押给了银行。相对于传统的

"以地养地"之法而言，这可以说是"以地养地"的金融版本。

这种"以地养地"的金融版本不只是适用于政府性公司，也适用于政府其他的土地开发、城市建设和工业管理部门。土地金融的重要性在于，地方政府不但在城市开发、基础设施建设方面依靠融资，在土地征用、新区开发以及工业园区建设方面也主要依靠以土地抵押为主的融资手段。

除了政府性公司之外，土地储备中心是各地政府以地生财的重要部门。土地储备制度，最初的用意是为了盘活面临改制的国有企业的土地存量资产，以解决下岗职工的生计出路的，也就是说土地储备的来源应以收购（回）存量国有土地为主的，但在调查中我们发现，政府储备的土地已远远超出了存量的内涵，早已延伸到以征用农民集体所有土地为主。从这些储备土地的用途来看则更彰显出政府储备土地的动机。公益性质的建设用地和工业用地，由于无利可图，不在土地储备中心的供地之列。政府储备的土地几乎全部用于住宅和商业经营目的，以实现土地收益的最大化。

结合我们上面分析的土地抵押贷款，我们在此可以看到另外一种土地金融和地方财政的关系：银行不断地向土地储备中心发放土地抵押贷款，土地储备中心则不断进行征地—开发—出让以赚取土地出让收入，基本思路是用旧储土地的抵押贷款进行新一轮土地征收，然后用出让土地的收入还清抵押贷款，再用新征用的土地进行新一轮的土地抵押贷款。

这样一来，金融资金作为土地征用、开发、出让过程的"润滑剂"，使得政府能够迅速扩大土地开发规模、积累起大量的土地出让收入。这些土地收入，正如我们上面的分析看到的，最终大部分都投入了城市化建设之中。在这个循环往复的过程之中，政府和银行的思路都非常明确：银行的土地抵押贷款以土地作为抵押，贷款一般在1—2年就可以收回；财政担保贷款虽然贷款期比较长，但是有不会破产的政府财政做担保，所以也可以放心放贷；政府的收入则来自两个方面，一个是土地出让收入，只要土地可以不断征用、出让，或者只要土地出让价格足够高，政府就可以取得巨额的土地出让收入；另一方面，只要财政和金融资金不断地投入城市建设、扩大基础设施建设的规模，尽管融资规模会不断扩大，但是根据我们在上一部分的分析，政府的地方税收尤其作为预算收入支柱的建筑业、房地产业的税收收入也会不断增长、财政实力会不断增强。进一步而言，政府收入的增长又会进一步扩大融资规模和征地规模，这无疑是一个"双赢"的局面。所以，我们可以看到，土地收入—银行贷款—城市建设—征地之间形成了一个不断滚动增长的循环过程。这个过程不但为地方政府带来了滚滚财源，也塑造了21世纪繁荣的工业化和城市景象，我们将其叫作土地、财政和金融"三位一体"的发展模式。可以用下图来表示。

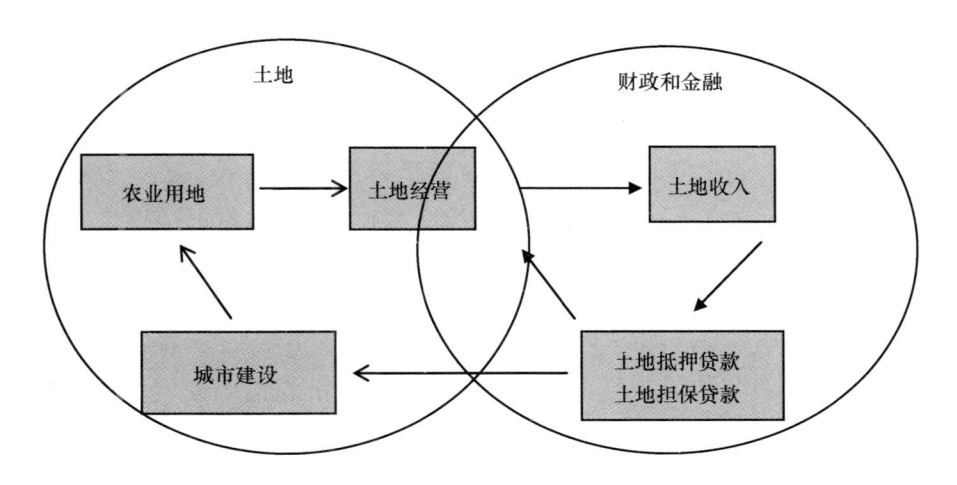

图7—1 土地、财政、金融"三位一体"的城镇化模式

这种三位一体的模式实际上就是21世纪以来城市化的主要内容，是与地方政府"经营城市"、"经营土地"的行为取向密不可分的。这个模式一方面推动了GDP和财政收入的高速持续增长，另一方面造就了繁荣的城市化过程。

"土地城市化"包括三个重要过程。第一个过程是农业用地经过土地征用之后进入了城市建设，为地方政府创造了大量的土地收入。第二个过程是土地收入作为资本，通过地方政府的融资平台，撬动了规模巨大的金融资金进入土地开发和城市建设过程。第三个过程是大兴土木的城市建设对国有建设用地产生了大量的新需求，需要对城市内的未利用土地或"低效率"用地以及城市之外的农业用地进行开发和征用，从而启动新一轮的土地—财政—金融的循环过程。

在这种模式下发展出来的轰轰烈烈的城市化实际上是以土地而非以产业和人口为中心的城市化，笔者将其称为"土地城市化"。这种"土地城市化"的发展模式有以下几个主要特点：

第一，土地城市化不以工业化为必然前提。当然这并不意味着工业化过程不重要，而是说工业化并非城市化的中心内容。从东部地区的城市化进程来看，土地城市化是与工业化紧密联系在一起的，没有大量的外向型工业企业的进入和繁荣，也不会产生这种三位一体的生财之道。但是各地发展的实践表明，城市化的关键在于房地产业，只要有大量的财政和金融支持，房地产业可以不依托于工业化而独立发展。各种房地产泡沫的形成正是财政和金融推动的一个结果。

这个阶段的城市扩张，主要特点表现在城市建设用地（主要是商住、公益用地）的大量扩张而非工业用地的大量扩张上。支撑城市发展和扩张的基础正在由工业变为城市的房地产开发。只要城市的地价够高，银行就愿意出资贷款，地方政府就能够以财政和金融为主要手段全面推动城市经济的发展,这种经济发展模式主要靠政府对公共设施的投资为拉动力量,以土地征收、开发、出让为主要手段,以城市扩张为基本形态,以 GDP 和财政收入的增长为基本目标。在这个模式中,工业对于城市化的基础地位已经逐渐被城市房地产业所替代了。

第二,土地城市化不以人口城市化为必要条件。在常规城市化的路径下,工业化为城市带来了资本积累,而工业化所需的劳动力及其家庭成员是城市发展的人口基础。这些人口基础的生产和消费构成城市运转的主体。但是在我国,城市化的路径有所不同,大量的劳动力及其家庭成员并没有成为城市居民。城市化发展到目前为止,这些劳动力仍然是没有城市户籍和市民身份的"农民工",其家庭成员仍然居住在中西部地区的广大农村,这种城市化可以称其为"人口不落地"的"半城市化",不但塑造了收入差别巨大、社会地位悬殊的城市中二元的社会群体(城市居民和"农民工"),制造了上亿的流动人口,也割裂了这些群体的家庭,农民工常年与其父母甚至子女分离,长此以往,会出现许多新的社会问题。

形成这种局面至少有三个方面的原因。首先,城乡分割的户籍制度。这是一个制度因素,在此毋庸多言。唯一需要指出的是,在当前城市房价高涨的情况下,即使户籍制度被取消,农民工仍然无法在城市"落地",必然长期处于一个漂泊状态,所以说,在当前的形势下,户籍制度已经不是城市化的最关键问题了。其次,中国"劳动密集型"的外向型经济战略固然适合中国国情,利用了中国大量的过剩劳动力,但是在"劳动力无限供给"的经济学前提下,城市制造业工人即农民工主体的工资和各种待遇一直处于很低的水平,长期得不到提高。这些城市中的二等公民连城市的廉租房也没有资格申请,更没有经济实力负得起租金。再次，21世纪发展起来的城市化模式逐渐脱离了工业化的基础，而越来越依靠城市房地产业。在土地、财政和金融三者的共同作用下，城市地价、房价迅速攀升，城市的生活成本也迅速增加。这基本上完全排除了产业工人在城市落户、定居的可能性。

第三，土地城市化只需要三大要素的参与即可运转：即土地与财政、金融的结合。土地城市化的运转，会使得财政收入迅速增加、金融贷款运转活跃、城市建设日新月异，是相对于其他发展模式而言最易操作、成本最小、政绩最显著的发展模式。

二 "农民上楼"与"资本下乡"

经过了东部以经营土地为主的城市化的探索之后，土地城市化与工业化、人口城市化的关系逐渐变得不那么密切，资本和土地的结合可以直接推动资本的积累和城市化的迅速发展。这可以解释中西部地区的城市化过程中出现的工业化滞后的城市化、没有人口大量集中的城市化，但是高速发展的土地城市化现象。下面我们以成都为例来说明一下这种城市化模式对农民的影响。

2007年，成都市正式成立了全国统筹城乡综合配套改革试验区，深化产权制度改革，探索农村土地管理的新机制，形成了一套具有成都特色的综合改革模式，即"大统筹、大集中、大流转"，开展了以土地整理、农民集中居住、农村产权制度改革为主要内容的综合改革。这个思路的中心内容，就是通过土地整理、集中居住来增加城乡建设用地，同时解决好农民集中居住以后所产生的诸如社会保障、就业、生活方式转变的各种问题。

城乡统筹对农民的重要影响可以集中概括为"农民上楼"和"资本下乡"两句话。"农民上楼"指的是村庄合并和集中居住，而"资本下乡"则是指农民上楼之后，原来的承包地因为距离太远而无法耕种，一般将其集中起来租给一些农业产业的企业和公司进行规模经营。这是一个由政府运用财政和金融手段推动的过程。

农民上楼之后空出来的宅基地被复垦为耕地，这样就可以在不突破国家耕地保护指标的前提下，产生一批额外的耕地。在成都土地制度综合改革实验区，这些耕地可以被征用为城市建设用地，并且在整个成都市的范围内进行城市建设用地指标的流转。这些新增的城市建设用地指标，除了当地的县可以留一部分之外，允许在"大成都"的范围内进行指标买卖和置换。这些新增的城乡建设用地被称为"增减挂钩"的"周转指标"。到2009年下半年，成都市第一批挂钩项目在郫县、双流、锦江、青白江区的8个试点项目区拆旧复垦工作完成，共拆除农民居民点用地3230亩，归还挂钩周转指标2663亩，检查了12个农民新居，项目区新增耕地2601亩[①]。在成都市的其他区县，这种工作也在大规模展开。

城乡统筹最主要的功能远非只是买卖周转指标，而是解决了土地城市化模式中的土地约束问题。在这个过程中，又是政府主导、强力推动，运用财政和金融手段，所用的思路和模式与东部地区土地城市化的模式基本相同，不同的是将农村宅基地也涵括在内而已。

伴随着农村地区出现大规模的"农民上楼"现象，农民离耕地距离变远，加之耕地收益逐年降低，大部分农民选择放弃耕地。于是，

---

① 以上数字来自我们对成都市的调研材料《成都市统筹城乡土地制度改革工作介绍》。

地方政府组织城市资本下乡，集中流转租赁农民用地。由于种粮收入低于租金，农民纷纷选择租赁土地，坐家里收租金。资本大规模租地，发展现代农业。但值得注意的是，资本大规模发展现代农业和观光农业本身是不赚钱的，甚至很多是赔钱的。那么为什么资本乐于到农村广租耕地呢？这是由于城市建设用地受指标限值无法扩大，为了获得建设用地，地方政府推动农民上楼，即在农村每平整出一亩土地都可以将土地"置换"为城市周边的一亩建设用地，于是在不占用城市建设用地指标的同时，实现了开发商对于城市土地的投资建设。而作为农民上楼的配套政策，资本下乡则是地方政府给竞标城市建设用地的开发商们开出的必要条件。

这一模式在经济上似乎是适用的，但其对农村社会造成的深刻影响也值得注意。首先，集中的楼房居住改变了中国农村长久以来的居住环境，大规模人口在空间上的集中会导致社会关系的变化，而这一变量对于乡村治理带来了新的挑战。其次，农民上楼之后，由于粮食、蔬菜等食物由自给自足转变为市场购买，其生活成本增加了约30%，增大了农民生活负担。再次，在农村劳动力大量涌向城市的过程中，农村地区留守人群主要由妇女、儿童、老人构成，地区老年化趋势加重。最后，农民上楼改变了农民和国家的旧有关系。农村税费改革之后，国家不再向农民征收农业税，这一举措导致国家对于农村政府的反哺资金大大减少。而这一情况将与农村地区老龄化趋势产生矛盾，农民对于保姆型政府的期待无疑为农村政府的财政增加了压力。

成都地区的实践在全国颇具代表性，对于全国而言，我们至少可以看出以下两个方面的深远影响。

第一，仍然依靠土地与财政、金融资本的结合来推动城市化，而且比东部地区更彻底地摆脱了工业化和人口集中的影响，可以主要依靠地方政府推动。

在资本充裕、地方政府可以迅速扩大投资和信贷规模的前提下，土地、财政、金融为主的城市化模式的唯一约束就是土地。成都的"城乡一体化"模式有效地解决了城市建设用地指标受到严格控制和约束的问题，但是基本模式并没有脱离东部地区城市化的模式，反而可以看作是对东部模式的加剧和扩展化。

第二，由于国家的耕地保护政策的约束，土地城市化与"农民上楼、资本下乡"的城乡一体化工程结合在一起，使得土地城市化模式不但将城市居民和失地农民包括在内，而且也囊括了更广大纯农业地区的农村居民。

三 中央与地方：简要的结论

到此为止，我们可以对本书关于当代中央与地方关系的考察做一些结论性的总结，这些结论大部分都是根据本书中的分析得出。

首先，中央和地方关系是我们理解地方政府行为和地方经济社会发展的关键性因素。虽然我们不能否认，中央和地方关系的基本框架是在中央与地方的互动中形成的，但是某些关系和基本框架一旦成形，则对地方政府行为有着深远的影响。在本书的分析中，分税制作为重构中央地方关系的重要改革，对于我们理解当前中国的社会经济发展模式有着重要的意义。分税制形成的是财权集中、事权分散的中央地方框架，这个框架对于地方政府筹集资金、担负其支出责任提出了更高的要求和期待。这是我们理解土地财政和当前城镇化模式的关键所在。

其次，改革开放以来，中央和地方关系逐步走出了"一收就死、一放就乱"的两难困境，呈现出一个总的"分权"趋势，这种趋势并没有因为分税制而改变，分税制集中财权的结果从长远来说却造成了更加扩大的地方权力。这似乎是有些矛盾。但从本书的分析来看，分税制造成的土地财政结果是，使得地方政府的利益主体意识更加明确，地方政府通过各种变通方式获得了不受中央严格控制的生财之道，即经营土地和经营城市。事实上，从我们对土地管理政策的历史考察来看，中央政府对地方政府行为控制的能力一直呈下降的态势。到目前为止，不但土地的用途管制有逐渐松散的趋势，中央政府控制房价和地方融资的能力更是直线下降。从当前的局面来看，这种趋势还可能会一直发展下去。

最后，决定中央地方关系基本局面的要素，除了地方政府在分税制以来发展出的"经营城市"的模式之外，中央政府也在无意识的情况下起了推波助澜的作用。改革开放以来，中央政府所主导的意识形态和治国思路中，"经济增长"一直是占据首位的。改革开放，从本质上来说都是以"经济增长"为核心的改革开放。进入 21 世纪以来，尽管中央政府提出"科学发展观"，强调经济结构转型，但是重经济轻社会、重物质轻精神的倾向一直存在并且日益严重。实质上，这是一种"以利为利"的治国思路。在这种主体意识形态的指导下，中央和地方关系非常可能以一种日渐松散的趋势演变下去。

参考文献

Arellano, M., and O. Bover, 1995, "Another Look at the Instrumental Variables Estimation of Error Components Models." *Journal of Econometrics* 68: 29 – 51.

Arellano, M., and S. Bond, 1991, "Some Tests of Specification for Panel Data: Monte Carlo Evidence and an Application to Employment Equations." *Review of Economic Studies* 58: 277 – 97.

Blundell, R., and S. Bond, 1998, "Initial Conditions and Moment Restrictions in Dynamic Panel Data Models." *Journal of Econometrics* 87: 11 – 143.

Bond, S., 2002, "Dynamic Panel Data Models: A Guide to Micro Data Methods and Practice." Institute for Fiscal Studies Working Paper 09/02, Institute for Fiscal Studies, London.

Bowsher, C. G., 2002, "On Testing Overidentifying Restrictions in Dynamic Panel Data Models." *Economics Letters* 77: 211 – 20.

Charles M. Tiebout, "A Pure Theory of Local Expenditures," *Journal of Political Economy*, Vol. 64, No. 5, 1956, pp. 416 – 424.

Galasso, Emanuela and Martin Ravallion, 2001, Decentralization Targeting of an Anti-Poverty Program. Mimeo. Development Research Group, World Bank.

Hamid Davoodi, and Heng-fu Zou, 1998, "Fiscal Decentralization and Economic Growth: A Cross-Country Study", *Journal of Urban Economics*, (43), pp. 244 – 423.

Hansen, L., 1982, "Large Sample Properties of Generalized Method of Moments Estimators." *Econometrica* 50, No. 3: 1029 – 1054.

Holtz-Eakin, D., W. Newey, and H. S. Rosen, 1988, "Estimating Vector Autoregressions with Panel Data." *Econometrica* 56: 1371 – 1395.

J. Litvack, J. Ahmad, and R. Bird, *Rethinking Decentralization*. Washington: World Bank 1998.

Jean C. Oi, "Fical Reform and the Economic Foundations of Local State Corporatism in China", *World Politics*, Vol. 45, No. 1, 1992, pp. 99 – 126.

Jonathan Rodden, Gunnar S. Eskeland, and Jennie Litvack (eds.), 2003, *Fiscal Decentralization and the Challenge of Hard Budget Constraints*. Cambridge: The MIT Press.

L. R. De Mello, 2000, "Fiscal Decentralization and Intergovernmental Fiscal Relations: A Cross-Country Analysis", *World Development*, 28 (2), pp. 365 – 380.

Lin Justin Yifu and Liu Zhiqiang, "Fiscal Decentralization and Economic Growth in China," *Economic Development and Cultural Change*, Vol. 49, No. 1, 2000, pp. 1 – 21.

Mary Kay Gugerty, and Edward Migual, 2000, Community Participation and Social Sanctions in Kenyan Schools. Mimeo, Harvard University.

Pranab Bardhan, 2000, "Irrigation and Cooperation: An Empirical Analysis of 48 Irrigation Communities in South India", *Economic Development and Cultural Change*, 48 (4), pp. 847 – 865.

Qian Yingyi and Barry R. Weingast, "China's Transition to Markets: Market-Preserving Federalism, Chinese Style," *Journal of Policy Reform*, Vol. 1, No. 2, 1996, pp. 149 – 185.

Qian Yingyi and Barry R. Weingast, "Federalism As a Commitment to Preserving Market Incentives," *Journal of Economic Perspectives*, vol. 11, no. 4, 1997, pp. 83 – 92.

Qian Yingyi and Gerard Roland, "Federalism and the Soft Budget Constrain," *American Economic Review*, Vol. 88, No. 5, 1998, pp. 1143 – 1162.

Qian Yingyi and Xu Chenggang, "Why China's Economic Reform Differ: The M-form Hierarchy and Entry/Expansion of the Non-state Sector," *Economics of Transition*, Vol. 1, No. 2, 1993, pp. 135 – 170.

Qian Yingyi, "A Theory of Shortage in Socialist Economies based on the 'Soft Budget Constraint'," *American Economic Review*, Vol. 84, No. 1, 1994, pp. 145 – 156.

Qian Yingyi, "How Reform Worked in China," in Dani Rodrik, ed., *In Search of Prosperity: Analytic Narratives on Economic Growth*, Princeton, NJ: Princeton University Press, 2003, pp. 297 – 333.

Sargan, J., 1958, "The estimation of economic relationships using instrumental variables." *Econometrica* 26, no. 3: 393 – 415.

Wallace E. Oates, *Fiscal Federalism*, New York: Harcourt Brace Jovanovich, 1972.

Zhang Tao and Zou Hengfu, "Fiscal Decentralization, Public Spending, and Economic Growth in China," *Journal of Public Economics*, Vol. 67, No. 2, 1998, pp. 221 – 240.

［美］布坎南、马斯格雷夫：《公共财政与公共选择：两种截然对立的国家观》，类承曜译，中国财政经济出版社2000年版。

［匈］科尔奈：《短缺经济学》，经济科学出版社1986年版。

财政部综合计划司编：《中国财政统计》，科学出版社1992年版。

当代中国丛书编辑部：《当代中国的经济体制改革》，中国社会科学出版社1984年版。

黄佩华：《中国：国家发展和地方财政》，中信出版社2003年版。

蒋省三、刘守英、李青：《中国土地制度改革：政策演进与地方实施》，上海三联出版社2010年版。

刘守英、周飞舟、邵挺：《土地制度与中国经济增长》，中国发展出版社2012年版。

王庆日：《重庆地票交易制度分析》，《中国土地政策蓝皮书（2012）》，中国社会科学出版社2012年版。

王绍光：《分权的底限》，中国计划出版社1997年版。

吴国光、郑永：《论中央—地方关系：中国制度转型中的一个轴心问题》，牛津大学出版社1995年版。

项怀诚主编：《中国财政体制改革》，中国财政经济出版社1994年版。

应星：《大河移民上访的故事》，生活·读书·新知三联书店2001年版。

张五常：《中国的经济制度》，中信出版社2009年版。

中国物资经济学会编：《中国社会主义物资管理体制史略》，物资出版社 1983 年版。

周飞舟：《以利为利：财政关系与地方政府行为》，上海三联书店 2012 年版。

周其仁、北京大学国家发展研究综合课题组：《还权赋能：奠定长期发展的可靠基础》，北京大学出版社 2010 年版。

陈锡文：《农村改革三大问题》，《中国改革》2010 年第 10 期。

陈永富：《土地整理：缙云县的做法与成效》，缙云县发展和改革局报告，《浙江经济》2007 年第 12 期。

冯俏彬：《再认识我国地方政府投融资平台公司的巨额负债》，《西部论坛》2010 年第 3 期。

胡传景：《对规范城乡建设用地增减挂钩试点工作的几点思考》，《国土资源》2011 年第 7 期。

黄小虎：《关于土地承包经营权流转的几点看法》，《红旗文稿》2009 年 2 月刊。

黄孝维：《对苍南县农村土地整理的调查与思考》，"土地整理与城市化"会议研究文集，2003 年。

刘润秋：《耕地占补平衡模式运行异化风险及其防范》，《四川大学学报》2010 年总第 168 期。

刘守英、蒋省三：《土地融资与财政和金融风险——来自东部一个发达地区的个案》，《中国土地科学》2005 年第 6 期。

渠敬东：《项目制：一种新的国家治理体制》，《中国社会科学》2012 年第 5 期。

渠敬东、周飞舟、应星：《从总体支配到技术治理》，《中国社会科学》2009 年第 6 期。

孙秀林、周飞舟:《土地财政与分税制:一个实证解释》,《中国社会科学》2013 年第 3 期。

谭明智:《严控与激励并存:土地增减挂钩的政策脉络及地方实施》,《中国社会科学》2014 年第 7 期。

汪晖、陶然:《论土地发展权转移与交易的"浙江模式":制度起源、操作模式及其重要含义》,《管理世界》2009 年第 8 期。

王松林:《加大土地整理开发力度为我省经济社会可持续发展作出新贡献》,《浙江国土资源》2005 年第 10 期。

阎坤、张立承:《中国县乡财政困境分析与对策研究》,《经济研究参考》2003 年第 90 期。

张晏、龚六堂:《分税制改革,财政分权与中国经济增长》,《经济学(季刊)》2005 年第五卷第 1 期。

张永生:《中央与地方的政府间关系:一个理论框架及其应用》,《经济社会体制比较》2009 年第 2 期总第 142 期。

折晓叶、陈婴婴:《项目制的分级运作机制和治理逻辑》,《中国社会科学》2011 年第 4 期。

周飞舟:《从汲取型政权到悬浮型政权》,《社会学研究》2006b 年第 3 期。

周飞舟:《分税制十年:制度及其影响》,《中国社会科学》2006a 年第 6 期。

周飞舟:《锦标赛体制》,《社会学研究》2009 年第 3 期。

周飞舟:《生财有道:土地开发和转让中的政府和农民》,《社会学研究》2007 年第 1 期。

周飞舟、赵阳:《剖析农村公共财政:乡镇财政的困境和成因》,《中国农村观察》2003 年第 4 期。

周黎安：《晋升博弈中政府官员的激励与合作》，《经济研究》2004 年第 6 期。

周黎安：《中国地方官员的晋升锦标赛模式研究》，《经济研究》2007 年第 7 期。

周雪光：《基层政府间的共谋现象：一个政府行为的制度逻辑》，《开放社会》2009 年第 12 期。

周雪光：《权威体制与有效治理：当代中国国家治理的制度逻辑》，《开放时代》2011 年第 10 期。

李华、杨伟卿、蒋国强：《利国利民利集体的大实事：浙江省绍兴县土地整理工作的报告》，《中国土地》2002 年 4 月刊。

李相一：《关于耕地占补平衡的探讨》，《中国土地科学》2003 年 2 月 28 日刊。

张玉宝：《耕地占补平衡得失观》，《中国土地》2004 年 12 月刊。

周其仁：《缩小城乡差距要让农民分享土地收益》，《农村工作通讯》2010 年 10 月刊。

董炎兵：《对我国农村土地整理中指标折抵政策的探讨》，《建设社会主义新农村土地问题研究》2006 年 11 月会议论文。

赵玉金：《成都市青白江区农村改革的政策逻辑和意外后果》，社会学系硕士学位论文，北京大学，2011 年。

钟杨：《重庆地票交易制度风险防控研究》，硕士学位论文，西南大学，2012 年。

林毅夫、刘志强：《中国的财政分权与经济增长》，CCER 讨论文论 NO.

C2000008，2000年。

刘守英、邵挺：《关于卖地模式的不可持续性与改革建议》，国务院发展研究中心内部研究报告，未刊稿，2013年。

清华大学社会学系课题组：《成都市青白江区农民上楼调查报告》，未刊稿，2011年。

孙立平：《清华大学凯风发展研究院社会进步研究所、清华大学社会学系社会发展课题组：2011年度社会进步研究报告》，2012年，http://news.tsinghua.edu.cn。

索 引

包干 6, 10, 18, 19, 22 - 31, 33, 35, 39, 41, 42, 45, 52, 56, 150, 151

财力性转移支付 56, 57, 61

财权 3 - 7, 12, 15, 17, 18, 20, 48, 55, 59, 69, 159, 171, 172

财税分家 50, 51

财政包干制 11, 12, 19, 21 - 23, 26, 31, 37, 39 - 41, 43 - 48, 53, 56, 69

财政补助 6

财政分权 7 - 11, 13, 27, 31, 32

财政负担 5, 138

财政联邦主义 7

财政收入 3 - 7, 10, 13, 14, 16, 17, 19, 22 - 24, 27, 31, 33 - 37, 39, 40, 42 - 46, 50 - 53, 55, 63, 68 - 70, 72, 74 - 76, 79, 82, 83, 85 - 87, 90, 104, 114, 137, 138, 166 - 168

拆旧区 120 - 123, 130, 135, 154

产权交易平台 130, 131, 138, 140, 141, 148, 150

长安 81 - 87

超收分成 28 - 31

成都 118, 123, 126, 130, 131, 138 - 150, 168 - 171

城市建设 3, 49, 70, 82 - 84, 89, 101, 102, 104, 117, 162 - 166, 168 - 171

城乡统筹 140，141，169

城乡一体化 171

城镇化 103－105，107，113，115，120，137，148，160－163，165，171

持证准入 138，140－142，144，145，147

持证准用 138，140，144，145，147

大办企业 12，33，47

大包干 24，25，27

戴慕珍 10，30，33

抵押 133，134，156，158，162－165

地方法团主义 10

地方国家公司主义 30，33

地方税 13，49，51，53，76，82，83，165

地方政府 2－8，10－12，16－18，20，22，27，30，32－35，39－42，45，47，48，50－53，56－59，63，68－72，74－81，84，86－88，90，94，95，98－101，104，105，107，108，110－113，115－117，121－126，131，135，137－140，147－150，152－166，170－172

地方政府融资平台 89，104

地方政府行为 1，10，12，31，57，171，172

地票 131－140，142－144，146，148

第二财政 81

定额补助 24－27，61

房地产 3，73，75－77，80，82，83，85，86，134，143，165－168

放权 13，15，16，18－20，22，42，48，159

放水养鱼 27，41，42

分成 14，19，22－26，28，29，65，77，84，88

分类分成 14，17，19，22，24

分权 7－12，15，20，22，23，31，46，69，80，161，172

分税制 11，12，21，31，45－53，55，56，59－65，67－69，74，87，89，90，100，116，159，160，162，171，

索　引

172

分灶吃饭　25

各层级政府　131，135，136

耕地保护　100，103–105，110，111，115，122，131，169，171

耕地占用税　72–75

工业化　10，12，21，32，33，35，55，64，70，82，83，85，88，91，92，94，95，97，99，103–105，107，115，160，161，165–168，171

公共财政　2

公共财政理论　1

公共选择理论　1

公司化　30

共享税　49，51，87

股份制　36，47

国家能力　67

国有企业　9，34–39，41，42，47，49，164

国有土地　70–72，77，101，115，129，158，164

户籍制度　167

基层政府　30，136，137，148–150

基数　10，16，19，24–31，33，37，40，41，49，52–54，56，57，65，82，83，91

集权　7–10，12–15，19，20，46，48，50，55，69，87，121，159–161

集体土地　70

计划指标　15，16，103，104，111，128，134，135

间接税收　75，76，79，80，83，85

建设用地　70，76，77，101–104，106，107，109–137，139–148，150，151，153，154，158，160，163，164，166，168–170

建新区　120–124，130，153，158

建筑业　75，76，80，82，83，85，86，165

金融资金　163–166

科尔奈　9

块块　15–17，22，23，41，48，

51

利改税 33，36－38

联产承包责任制 21，37，105

两个比重 43，45，52，67，68，74

两税 49－54，56，57，62

流转税 33，34，39，40，42，48，51

农民上楼 124－126，130，148，153，168－171

农业用地 70，123，166

企业承包制 22，37，40－42，51

契税 72，74，75

区县政府 136，137

人口城市化 85，167，168

融资 35，89，90，104，132－134，138，139，152，155－158，162－166，172

软预算约束 9，10

三位一体 13，121，125，160，165，166

上解 5，14，17，19，24－27，29，45，61，65

绍兴 74－79，81，85－87，113，114，162

市场化交易 114，130，131

市政府 112，131，133，137，143－145

事权 3－7，12，18，20，48，55，59，69，171

收权 13，17，19

税收返还 49，50，52－54，56，57，60－62，65－67，90，91

税收体制 33，35，87

体制补助 30，60，61，65

体制上解 29，61

条条 15，22，23，41，48，51

土地财政 69，80，81，85，89，101，104，105，114，137，157，162，171，172

土地、财政、金融"三位一体" 155，162，165

土地城市化 85，166－169，171

土地出让金 71，72，77－80，84－92，94，95，97，98，163

土地抵押贷款 163－165

土地管理法　70，71，101，103，105，106，110－112，116

土地管理制度　101，111，115

土地交易市场　142

土地交易所　131，132，135，136

土地开发　72，75，76，79，81，84，85，88，90，100，103，106，107，110，111，133，142，162－164，166

土地使用权　71，72，101，129，133，140，163

土地收入　70，72，75，79－81，84，86，87，164－166

土地收益　127，130，139，157，164

土地一级市场　101

土地增值收益　73，74，101

土地增值税　49，72，73，75

土地征用　13，70－72，74，75，77，88，90，100，164，166

土地整理　107，111－117，119，142，150，151，158，168

土地政策　134，137，149，159

土地指标　100，101，104，105，113，115，116，135，137，148，150，153，157，162

土地置换　110，111，114，116

土地综合整治　121，129，139－142，145－147，152，154，158，159

王绍光　8，46，161

乡镇企业　10，21，31－35，39，41，42，47，101，111，132

乡镇政府　30，34，35，114，136，150，151

项目　16，17，23，29，61，73，76，77，80，84，86，104，106－109，112－114，118－126，128－137，141，146－155，157－159，163，169

项目逻辑　148

项目制　107，121，125，148，149，151－153，158

一般性补助　6

一般性转移支付 57-59，65
一收就死、一放就乱 172
以地养地 163，164
预算外收入 10，33，43，44，68，81，83，84，86，87
增减挂钩 100，101，107，110，111，114-131，134-137，139，140，144，148，149，151，153，154，158，160-162，169
宅基地 110，111，117，120，126，127，129，132，137，139，147，169
占补平衡 101，105-111，113，115，117，120，123，124，137，139，160
折抵指标 110，112-114，116
浙江模式 112，114-116，136
政府性公司 89，163，164
政企分开 41，48
直接税收 73-76，79，80，83，85
指标激励 116，117，121，125
指标价格 146
指标漂移 130，131，137，150

中央—地方关系 4，12，13，57，100-102，126，159-161
中央地方关系 3，4，6，7，12，19，21，23，41-43，45，46，55，69，162，163，171，172
中央税 49，51，74，76
中央政府 2-4，7，8，13，15，16，18，41，43-46，55-58，63，69，76，90，92，100，102-105，110，111，115，116，125，126，140，143，156，159-162，172
重庆 26，130-140，148，150
专项补助 6，65-67
专项转移支付 56，57，59-61
转移支付 5-8，49，50，55-61，63-69
资本下乡 155，168-171
总额分成 17，19，23，24，26，27
总体规划 102，103，111，112，118，124，127